Fascicule n° 17.

CONSEIL SUPÉRIEUR

DE

L'ASSISTANCE PUBLIQUE

ENFANTS MALTRAITÉS

OU

MORALEMENT ABANDONNÉS

(PROJET DE LOI)

ENFANTS MALTRAITÉS
ou
MORALEMENT ABANDONNÉS

I

RAPPORT

DE M. LE DIRECTEUR DE L'ASSISTANCE PUBLIQUE
A
A M. LE PRÉSIDENT DU CONSEIL
MINISTRE DE L'INTÉRIEUR

Monsieur le Président,

J'ai eu l'honneur, en qualité de commissaire du Gouvernement, d'annoncer à la Chambre des députés, dans sa séance du 25 février dernier, que le Gouvernement avait résolu de distraire de la proposition de loi sur « la « protection des enfants abandonnés, délaissés ou maltraités », le titre concernant la déchéance ou la suspension de la puissance paternelle, et de faire de ce titre l'objet d'un projet de loi spécial. J'ajoutais que le Gouvernement avait préparé un projet qui, sur tous les points, se rapprochait de celui dont la Chambre était saisie, et, sur un grand nombre d'articles, se confondait avec lui ; je faisais connaître enfin que M. le Garde des Sceaux avait soumis ce projet à l'examen du conseil d'État.

La section de législation a terminé son travail ; elle a présenté un remarquable rapport et adopté un texte qui, sur des points essentiels, diffère notablement du projet de la commission parlementaire et de celui du Gouvernement.

A raison de l'importance exceptionnelle, juridique et sociale, des questions soulevées par ce projet, à raison de la divergence qui existe entre les solutions proposées, j'estime qu'il y aurait tout avantage à recourir au Conseil supérieur de l'Assistance et à lui demander d'étudier, à son tour, le problème posé; sans négliger aucune des données multiples de ce problème, l'assemblée croirait devoir, sans doute, l'envisager principalement au point de vue qui me semble primer ici toute autre considération, à celui de l'intérêt de l'enfant, que la société a le droit et le devoir de protéger efficacement contre des parents indignes.

Je joins à ma proposition une note préparée dans mes bureaux et où sont mentionnées les différences qui existent entre les divers textes en présence; cette note indique des solutions sur le mérite desquelles je n'entends pas me prononcer dès aujourd'hui, mais qui me semblent pouvoir être communiquées au Conseil, à titre de renseignements.

D'autre part, Monsieur le Président, à défaut du concours de personnes ou d'associations charitables, les enfants soustraits, par application de la loi sur la déchéance de la puissance paternelle, à une famille indigne seront recueillis dans le service des Enfants assistés; et la dépense de leur entretien serait réglée, à moins d'une disposition nouvelle, en conformité de la loi du 5 mai 1869.

De ce chef, les dépenses du service des Enfants assistés peuvent être sensiblement accrues; et, vous le savez, elles ne constituent pas pour le département une dépense obligatoire. Le moment me paraît donc venu d'examiner s'il ne conviendrait pas, en vue de compenser ce prochain surcroît des charges départementales, de modifier sur un point la loi précitée du 5 mai 1869, qui détermine, comme il suit, l'économie financière du service des Enfants assistés.

Les dépenses sont divisées en :

Dépenses intérieures,

Dépenses extérieures,

Dépenses d'inspection et de surveillance.

L'État doit supporter exclusivement cette dernière catégorie de frais; il paye une subvention égale au cinquième des dépenses intérieures et ne contribue en rien aux dépenses extérieures.

Les communes acquittent un contingent réglé chaque année par le conseil général, et qui ne peut excéder le cinquième des dépenses extérieures.

En somme, les quatre cinquièmes des dépenses, tant extérieures qu'intérieures, incombent au département.

Les dépenses intérieures, d'après la classification adoptée par la loi de 1869, ne comprennent que les frais occasionnés par le séjour des enfants à l'hospice, les dépenses de nourrices sédentaires (entretenues à l'hospice, et les layettes.

Toutes les autres dépenses, à l'exception des frais d'inspection et de surveillance, sont légalement qualifiées de dépenses extérieures ; elles comprennent notamment les secours temporaires destinés à prévenir ou à faire cesser l'abandon, les prix de pension payés aux nourrices et aux patrons, les frais de vêtures.

Entre le montant des dépenses intérieures et celui des dépenses extérieures, l'écart est naturellement très considérable ; le chiffre des premières n'atteint pas le quinzième de celui que représentent les secondes.

En se reportant aux derniers comptes départementaux réglés (exercice 1885), on constate que les dépenses extérieures ont été de 15 millions 257,220 fr. 17, et les dépenses intérieures de 1,012,307 fr. 68 seulement.

Il existe donc une écrasante disproportion entre les charges que l'entretien des enfants assistés impose respectivement aux départements et à l'Etat.

D'autre part, l'Administration centrale fait tous ses efforts pour restreindre le plus possible le nombre et la durée du séjour des enfants maintenus dans les établissements dépositaires ; elle a manifestement raison d'agir ainsi : le séjour des pupilles dans le milieu confiné d'un hospice est également préjudiciable à leur santé et à leur éducation. Mais il faut bien reconnaître que la loi du 5 mai 1869 encourage d'une façon singulière les administrations départementales à désencombrer les établissements dépositaires ; un pupille est maintenu par incurie à l'hospice ; le cinquième des frais d'entretien est à la charge de l'Etat. La commission hospitalière ou l'inspecteur se préoccupe de l'intérêt de ce pupille ; au prix d'efforts souvent multipliés, l'enfant obtient un placement à la campagne ; à partir du moment où il quitte l'hospice, l'Etat cesse de contribuer aux frais de son entretien. La participation financière de l'Etat est donc inversement proportionnelle au bon fonctionnement du service.

Si l'Etat supportait, sans distinction de catégories, le cinquième de toutes les dépenses des enfants assistés, il aurait bien plus d'autorité pour réclamer et bien plus de chance d'obtenir des conseils généraux une augmentation du tarif des secours temporaires et des pensions payées aux nourrices et aux patrons ; or, cette augmentation intéresse au plus haut degré l'avenir, la santé, la vie même de nos pupilles ; elle est la condition indispensable de la réforme du service.

Il existe, vous le voyez, une connexité étroite entre les deux ordres de questions dont je viens d'avoir l'honneur de vous entretenir : les charges nouvelles que la loi sur la déchéance de la puissance paternelle imposera au département me semblent devoir trouver leur contre-partie dans un accroissement de la contribution de l'État aux dépenses des enfants assistés.

Si vous partagez mon sentiment, je vous serai reconnaissant de vouloir bien renvoyer à l'examen du Conseil supérieur de l'Assistance :

1° Les projets de loi susvisés concernant la protection des enfants;

2° La question de la modification de la loi du 5 mai 1869, dans le sens d'une augmentation de contribution de l'État aux dépenses du service des Enfants assistés.

Veuillez agréer, Monsieur le Président, l'hommage de mon respectueux dévouement.

Le directeur de l'Assistance publique,

Henri MONOD.

Soit renvoyé à l'examen du Conseil supérieur de l'Assistance publique.

Paris, le 10 juin 1888.

Le Président du Conseil, Ministre de l'Intérieur,

Charles FLOQUET.

PROJET DE LOI

TITRE PREMIER

De la déchéance de la puissance paternelle.

Article premier.

Les père et mère sont déchus de plein droit à l'égard de tous leurs enfants de la puissance paternelle, ensemble de tous les droits qui en découlent, notamment ceux énoncés aux articles 108, 148, 151, 346, 361, 372 à 387, 389, 390, 391, 397, 477 du Code civil et aux articles 3 du décret du 22 février 1851, 46 de la loi du 27 juillet 1872 :

1° S'ils sont condamnés par application du deuxième paragraphe de l'article 334 du Code pénal ;

2° S'ils sont condamnés (une deuxième fois) soit comme auteurs, coauteurs, ou complices de crimes ou délits commis sur la personne d'un ou de plusieurs de leurs enfants, soit comme coauteurs ou complices d'un crime commis par un ou plusieurs de leurs enfants.

Cette déchéance laisse subsister entre les père et mère déchus et l'enfant les obligations énoncées aux articles 205, 206, 207 du Code civil.

Art. 2.

Peuvent être déclarés déchus de tout ou partie des mêmes droits :

1° Les père et mère condamnés comme auteurs, coauteurs ou complices d'un crime autre que ceux prévus par les articles 86 à 101 du Code pénal ;

2° Les père et mère condamnés pour la seconde fois pour vol, abus de confiance, escroquerie, adultère ou entretien de concubine au domicile conjugal, excitation habituelle de mineurs à la débauche, outrage public à la pudeur, outrage aux bonnes mœurs, séquestration, suppression, exposition ou abandon d'enfants, mendicité, vagabondage;

3° Les père et mère condamnés dans les termes de l'article 2, § 2, de la loi du 23 janvier 1873;

4° Les père et mère qui auraient été condamnés une première fois pour les faits visés au § 2 ci-dessus à la peine d'un an de prison et en matière d'excitation habituelle de mineurs à la débauche, d'outrage public à la pudeur, de mendicité, de vagabondage, à la peine de trois mois d'emprisonnement;

5° En dehors de toute condamnation, les père et mère dont l'inconduite notoire serait de nature à compromettre soit la santé, soit la sécurité, soit la moralité de leurs enfants;

6° Les père et mère qui s'adonnent habituellement à l'ivresse.

Art. 3.

Dans les cas prévus aux paragraphes 1 à 4 de l'article 2, la juridiction compétente est saisie par le renvoi qui est de droit, à la requête du ministère public.

Dans les cas prévus aux numéros 5 et 6 du même article, elle est saisie : 1° par la mère légitime ou naturelle, s'il s'agit du père ; 2° par les ascendants, s'il s'agit du père ou de la mère ; 3° à l'égard des enfants recueillis, soit à l'Administration de l'Assistance publique à Paris, soit dans les établissements publics hospitaliers ou dans les établissements privés reconnus d'utilité publique par les établissements où ils ont été recueillis ; 4° dans tous les cas, par le ministère public sur la demande des personnes ayant le droit d'action ou sur avis conforme du conseil de famille convoqué à cet effet.

Art. 4.

L'action en déchéance sera introduite sur simple demande devant la chambre du conseil du tribunal civil du domicile ou de la résidence des père et mère. Il sera procédé dans les formes prescrites par les articles 890, 891, 892 et 893 du Code de procédure civile, relatifs à l'interdiction.

Toutefois, la convocation du conseil de famille, si le ministère public n'a pas dû y recourir dans les termes de l'article précédent, restera facultative pour le tribunal.

Sur le vu de la délibération de ce conseil, lorsqu'il aura été convoqué, après avoir pris l'avis du juge de paix du canton, après avoir dûment appelé les père et mère et entendu le ministère public dans ses réquisitions, la chambre du conseil renverra l'affaire à l'audience publique.

Le jugement pourra être déclaré exécutoire nonobstant appel.

Les règles de procédure qui précèdent seront applicables, en ce qui concerne les mesures à prendre à l'égard de la mère, dans le cas prévu par le § 1er de l'article 9 ci-après.

Art. 5.

Pendant l'instance en déchéance, la chambre du conseil peut, relativement à la garde et à l'éducation des enfants, prescrire telles mesures provisoires qu'elle juge utiles. Les jugements sur cet objet sont exécutoires par provision.

Art. 6.

Les jugements par défaut prononçant la déchéance de la puissance paternelle peuvent être attaqués par la voie de l'opposition dans le délai de trois jours à partir de la notification. Si, sur l'opposition, il intervient un second jugement par défaut, ce jugement ne peut être attaqué que par la voie de l'appel.

Art. 7.

L'appel des jugements appartient aux parties intéressées et au ministère public. Il doit être interjeté dans le délai de dix jours à compter du jugement s'il est contradictoire; et s'il est rendu par défaut, du jour où l'opposition n'est plus recevable.

Art. 8.

Tout individu déchu de la puissance paternelle sera incapable d'être tuteur, subrogé-tuteur, curateur ou membre d'un conseil de famille.

Art. 9.

Dans le cas de déchéance de plein droit encourue par le père, la cour ou le tribunal qui aura prononcé la condamnation renverra devant la juridiction compétente, qui décidera si la mère exercera la puissance paternelle en tout ou partie.

Dans le cas de déchéance facultative, le tribunal qui la prononcera statuera par le même jugement sur les droits de la mère à l'égard des enfants nés et à naître, sans préjudice, en ce qui concerne ces derniers, de toute mesure provisoire à demander à la chambre du conseil dans les termes de l'article 5, pour la période du premier âge.

Toutes les fois que le père déchu de la puissance paternelle contractera un nouveau mariage, la nouvelle femme pourra, en cas de naissance d'enfant, s'adresser au tribunal et demander que l'exercice de la puissance paternelle sur ses propres enfants lui soit conservé.

Art. 10.

Si la mère est prédécédée, si elle a été déclarée déchue ou si l'exercice de la puissance paternelle ne lui est pas conservé, le tribunal pourra déclarer qu'il y a ouverture à une constitution de tutelle d'après le droit commun.

Lorsque, par suite de la déchéance du père, un tuteur a été donné aux enfants, nonobstant l'existence de la mère, la mère a le droit, si le père vient à mourir, de convoquer le conseil de famille, qui décide si la tutelle continue de subsister, ou si cette tutelle appartiendra à la mère, selon les règles du droit commun.

Art. 11.

Si la mère n'est pas investie de la puissance paternelle, et si la décision judiciaire qui prononce la déchéance n'a pas déclaré qu'il y avait ouverture à une tutelle d'après le droit commun, la tutelle sera exercée, dans le département de la Seine, par le Directeur de l'Assistance publique, et dans les autres départements par les commissions hospitalières, conformément aux lois des 15 pluviôse an XIII et 10 janvier 1849.

Art. 12.

Le tribunal, en prononçant la déchéance, fixera le quantum de la pension qui devra être payée par les père et mère et ascendants auxquels des aliments peuvent être réclamés, ou déclarera, à raison de l'indigence des parents, qu'il n'en peut être exigé aucune. Les pensions seront payables entre les mains du receveur de l'Assistance publique, à Paris, ou des hospices dans les départements.

En cas d'indigence ou d'insuffisance de ressources, les dépenses auxquelles donnera lieu l'entretien des enfants seront réglées conformément à la loi du 5 mai 1869.

Art. 13.

Pendant l'instance en déchéance, toute personne pourra s'adresser au tribunal par voie de requête, afin d'obtenir que l'enfant lui soit confié. Elle devra déclarer qu'elle se soumet aux obligations prévues par le deuxième paragraphe de l'article 364 du Code civil, au titre de la tutelle officieuse.

Si le tribunal après avoir recueilli tous les renseignements et pris, s'il le juge utile, l'avis du conseil de famille, accueille la demande, les dispositions des articles 365 et 370 seront applicables.

En cas de décès du tuteur officieux ayant la majorité du pupille, le tribunal sera appelé à statuer de nouveau, conformément aux articles 9, § 2, et 10, § 1 de la présente loi.

Le tribunal pourra alors décider qu'une indemnité est due au pupille par les héritiers ou ayants cause du tuteur.

Lorsque l'enfant aura été placé par les administrations hospitalières ou par l'Assistance publique chez un particulier, ce dernier pourra, après trois ans, s'adresser au tribunal et demander que l'enfant lui demeure confié dans les conditions prévues aux dispositions qui précèdent.

Art. 14.

En cas de déchéance de la puissance paternelle, les droits du père et de la mère quant au consentement au mariage, à l'adoption, à la tutelle officieuse et à l'émancipation, seront exercés par les mêmes personnes que si le père et la mère étaient décédés.

Art. 15.

La réhabilitation obtenue dans les termes des articles 619 et suivants du Code d'instruction criminelle fera cesser les effets de la déchéance encourue de plein droit ou prononcée conformément aux §§ 1 à 4 de l'article 2.

Dans les autres cas, les pères ou mères frappés de déchéance pourront être admis à se faire restituer tout ou partie des droits qui leur ont été enlevés. L'action ne pourra être introduite que trois ans après le jour où le jugement rendu contre eux est devenu irrévocable.

Art. 16.

Les père et mère qui veulent se faire restituer les droits de la puissance paternelle doivent justifier des conditions de résidence exigées par l'art. 621 du Code d'instruction criminelle. La demande est introduite et instruite conformément aux dispositions de l'article 4 ci-dessus. L'avis du conseil de famille est obligatoire. La demande qui aura été rejetée ne pourra plus être réintroduite qu'après l'expiration d'un délai de deux ans.

TITRE II

Du délaissement des enfants.

Art. 17.

Les père et mère pourront confier leurs enfants mineurs de seize ans, envers lesquels ils seront dans l'impossibilité de remplir leurs devoirs de surveillance ou d'éducation, à des particuliers domiciliés et jouissant de leurs droits civils, à des associations de bienfaisance, aux administrations d'assistance publique.

Les tuteurs auront les mêmes droits avec l'autorisation du conseil de famille.

A cet effet, un contrat déterminera la durée et les effets du dessaisisse-

ment ; ce dessaisissement ne pourra jamais s'étendre à d'autres droits qu'à
ceux de garde, d'éducation et de correction, de gestion du pécule des
enfants, de consentement à leur engagement volontaire et à leur mariage,
ni dépasser l'époque à laquelle l'enfant atteindra sa majorité.

Le contrat sera visé pour timbre et enregistré gratis.

Art. 18.

Le contrat passé en vertu de l'article précédent ne sera valable qu'après
l'approbation du juge de paix du domicile des père et mère ou tuteur.

La décision du juge de paix constatera l'impossibilité des père et mère
ou tuteur de remplir leurs devoirs de surveillance et d'éducation.

Elle devra intervenir dans la quinzaine de la présentation du contrat.

En cas de refus d'autorisation, les père et mère ou tuteur pourront inter-
jeter appel de la décision du juge de paix devant le tribunal civil compétent.

Art. 19.

En cas de contestation entre les parties sur l'exécution du contrat, les
père et mère ou tuteur pourront se pourvoir devant le juge de paix de la
résidence de l'enfant.

L'appel sera porté devant le tribunal civil compétent.

Art. 20

Lorsque des particuliers, des associations de bienfaisance, des administrations d'assistance publique auront recueilli des enfants délaissés, sans
l'intervention des père et mère ou tuteur, une déclaration devra être faite,
dans les trois jours, aux commissaires de police dans le département de la
Seine et aux maires dans les départements.

Les commissaires de police ou les maires devront transmettre ces déclarations au préfet dans le délai de quinzaine.

Le défaut de déclaration dans le délai indiqué sera puni d'une amende
de 1 à 15 francs.

Art. 21.

Si dans les trois mois, à dater de la déclaration, les père et mère ou tuteur n'ont point réclamé l'enfant, ceux qui l'auront recueilli exerceront sur lui, jusqu'à sa majorité, tous les droits qui peuvent être cédés en vertu de l'article 17, troisième alinéa.

Art. 22.

Même après le délai de trois mois, les père et mère ou tuteur pourront s'adresser au tribunal de la résidence de l'enfant par voie de requête visée pour timbre et enregistrée gratis, afin d'obtenir que l'enfant délaissé leur soit remis. Le tribunal en chambre du conseil, après avoir pris l'avis du conseil de famille, s'il le juge utile, appelé les père et mère ou tuteur et ceux qui ont recueilli l'enfant, le ministère public entendu, renverra l'affaire à l'audience publique.

Le tribunal pourra maintenir au particulier, à l'association de bienfaisance ou à l'établissement d'assistance publique qui a recueilli l'enfant, tout ou partie des droits exercés en vertu de l'article 21.

Il déterminera jusqu'à quelle époque ces droits seront exercés et applicables les dispositions des articles 5, 6 et 7 de la présente loi.

Art. 23.

Les enfants placés chez des particuliers ou dans des établissements appartenant à des associations de bienfaisance seront sous la surveillance de l'État, représenté par le préfet du département.

Un règlement d'administration publique déterminera le mode de fonctionnement de cette surveillance.

Les infractions audit règlement seront punies d'une amende de 50 à 1,000 francs. En cas de récidive, la peine d'emprisonnement de huit jours à un mois pourra être prononcée.

Art. 24.

Le préfet du département de la résidence de l'enfant placé chez un particulier ou entretenu par une association de bienfaisance, dans les conditions prévues par la présente loi, pourra toujours se pourvoir devant le tribunal civil de cette même résidence, afin d'obtenir, dans l'intérêt de l'enfant, que l'association ou le particulier soient dessaisis de tout droit sur ce dernier, et qu'il soit confié au service des Enfants assistés, en conformité des lois du 15 pluviôse an XIII et du 10 janvier 1849.

La requête du préfet sera visée pour timbre et enregistrée gratis.

La décision du tribunal pourra être frappée d'appel, soit par le préfet, soit par l'association ou le particulier intéressé.

L'appel ne sera pas suspensif.

Art. 25.

Dans les départements où sera créé un service des enfants délaissés, les dépenses nécessitées par l'entretien de ces enfants seront réglées conformément à la loi du 5 mai 1869 sur les enfants assistés.

Les conseils généraux régleront le service des enfants délaissés dans les conditions prévues pour les enfants assistés par l'article 1er, § 16 de la loi du 18 juillet 1866, et l'article 46, § 18, de la loi des 10-29 août 1871.

Ce rapport et ce projet ont été renvoyés par le Conseil supérieur, dans sa séance du 13 juin 1888, à l'examen de la première section.

II

RAPPORT

AU CONSEIL SUPÉRIEUR DE L'ASSISTANCE PUBLIQUE

AU NOM DE SA 1re SECTION (SERVICES DE L'ENFANCE) (1)

Sur le Projet présenté par le Gouvernement

MESSIEURS,

M. le Ministre de l'intérieur, président du conseil, a soumis à l'examen du Conseil supérieur de l'Assistance Publique un projet de loi intitulé : Projet de loi sur la protection des enfants, ainsi qu'un rapport de M. le

(1) La section des services de l'enfance est ainsi composée : Président : M. Jules Simon, sénateur; secrétaire : M. Gerville-Réache, député; rapporteur : M. Brueyre, ancien chef de la division des Enfants assistés de la Seine; membres de la commission : MM. le docteur Bergeron, secrétaire perpétuel de l'Académie de médecine; Bernard, procureur de la République près le tribunal de la Seine; Bourgeois, député, sous-secrétaire d'État au ministère de l'intérieur; Buisson, directeur de l'enseignement primaire au ministère de l'instruction publique; Gieffès, membre du conseil municipal de Paris; docteur Gestin, président du conseil supérieur de santé de la marine; Sigismond Lacroix, député; Marbeau, ancien conseiller d'État; docteur Marjolin, de l'Académie de médecine; Monod, directeur de l'Assistance publique en France; Frédéric Passy, député; docteur Th. Roussel, sénateur, membre de l'Académie de médecine; E. Rousselle, membre du conseil municipal de Paris, ancien président du conseil général de la Seine; docteur Thulié, ancien président du conseil municipal de Paris.

Délégué du gouvernement près de la section : M. Lefort, inspecteur général de l'assistance publique.

Secrétaire-adjoint : M. Faucon, avocat à la cour de Paris.

5

directeur de l'Assistance publique en France, indiquant un moyen financier de parer aux dépenses qu'entraînera l'application du projet.

La section des services de l'enfance, à laquelle ces propositions avaient été renvoyées, a arrêté les termes d'un projet de loi dont vous trouverez ci-après le texte et m'a fait l'honneur de me charger de vous soumettre le présent rapport qui a été approuvé par elle.

Le présent travail a pu être relativement court, parce qu'il suppose la connaissance du rapport magistral que notre éminent collègue, M. Th. Roussel, a adressé au Sénat à l'appui du projet de loi sur la protection des enfants abandonnés, maltraités ou délaissés. Ce rapport, avec les deux volumes qui l'accompagnent, et qui contiennent les résultats de la vaste enquête ouverte, tant en France qu'à l'étranger, sur les œuvres de l'enfance, constitue le monument le plus important qui ait jusqu'ici été élevé en faveur de l'enfance abandonnée et malheureuse. D'intéressants documents sont également annexés au rapport déposé à la Chambre en 1884 sur le même projet par M. Gerville-Réache. — Les matériaux sont donc apportés à pied d'œuvre. Il n'y a plus qu'à construire.

Avant de pénétrer dans l'examen détaillé du projet qui vous est soumis en ce moment par M. le Ministre de l'intérieur, il est indispensable de vous faire un exposé historique, résumé, mais complet, des phases diverses qu'a traversées l'étude de la loi de la protection de l'enfance.

Lorsque, le 27 janvier 1881, M. Th. Roussel présentait, concurremment avec d'éminents collègues dont les noms résonnent si sympathiquement à nos oreilles : MM. Jules Simon, Bérenger, Dufaure et Schœlcher, un projet de loi sur la protection des enfants abandonnés, délaissés ou maltraités, il était au Sénat l'écho d'un mouvement d'opinion qui s'était manifesté avec une grande vivacité depuis quelques années dans le public, dans la presse, dans diverses assemblées publiques et dans de grandes sociétés privées en faveur des œuvres de l'enfance. Vous m'en voudriez d'omettre les principales de ces manifestations de l'opinion. Au Sénat, en 1878, MM. Bérenger, H. Martin et Schœlcher avaient déposé un projet de loi sur le rétablissement des tours, et en mars 1880, MM. Th. Roussel et Corne déposaient une proposition de revision des articles 66 et suivants du Code pénal, relatifs aux mineurs de seize ans et à la réforme de la loi de 1850 sur l'éducation correctionnelle. Au Corps législatif, M. de Lacretelle proposait la création d'asiles pour les nouveau-nés. Au conseil municipal de Paris, au conseil général de la Seine, de nombreux projets sur l'assistance des enfants avaient été présentés. Pendant ce temps, une société privée importante, la société générale des prisons, avait mis à l'ordre du jour de ses travaux l'étude d'un rapport très intéressant de M. le pasteur Robin sur le développement magnifique que prenaient en Angleterre et en Amérique les œuvres de protection des enfants vagabonds et des Arab boys; et ce fut là aussi et toujours M. Th. Roussel qui se chargea de préparer un projet de loi qui, discuté à la société, devint ensuite le projet dont, en 1881, le Sénat le nomma rapporteur.

Au cours de ces discussions de la société des prisons, se produisait d'ailleurs un fait important. M. Thulié, président du conseil municipal de Paris et rapporteur du service des enfants assistés, accueillant avec faveur un projet qui lui était exposé par le chef de la division des enfants assistés, se faisait, sans s'arrêter aux périls d'une entreprise hardie, l'ardent promoteur, au conseil général de la Seine, d'un nouveau mode d'éducation et de relèvement des petits vagabonds. Très écouté au conseil, parlant à ses collègues avec son cœur, il sut y déterminer un assentiment unanime; en conséquence, il invita, dans un rapport de décembre 1879, l'Assistance publique de Paris à étudier les voies et moyens pour placer à la campagne les enfants vagabonds de douze à seize ans, abandonnés par leurs parents, et que, jusqu'alors, la Justice n'avait d'autre moyen de recueillir que de les interner, en vertu de l'article 66 du Code pénal, dans des établissements d'éducation correctionnelle. L'année suivante, sous l'administration de M. Charles Quentin, l'Assistance publique organisait le service des enfants moralement abandonnés, et, sans attendre le vote d'une législation qui lui est pourtant si nécessaire, se mettait résolûment à l'œuvre dès le 1er janvier 1881. Ce service, sur lequel les rapports officiels de MM. Charles Quentin et Peyron, ceux des rapporteurs successifs au conseil général, MM. Thulié et Strauss, fournissent tous renseignements utiles, a pris de grands développements, et figure maintenant pour 700,000 francs au budget du département de la Seine, indépendamment, bien entendu, des 5 millions consacrés aux enfants assistés et de quelques autres crédits inscrits dans le même but au budget de l'Assistance publique et de la ville de Paris.

Parallèlement à la constitution de ce service public, une importante société privée, la société générale de protection de l'enfance, dont l'idée première, comme d'ailleurs celle du service des enfants moralement abandonnés, avait pris naissance lors des discussions de la société des prisons, s'organisait définitivement peu après pour venir en aide aux mêmes infortunes. Il devenait dès lors pressant de préparer une législation qui permît aux administrations publiques ou aux œuvres privées qui se consacrent à l'éducation de l'enfance, lorsqu'elles ont arraché à la mendicité et à toutes ses conséquences les petits arabes des rues, de leur continuer, avec ou sans le consentement de leurs parents, l'éducation morale qui leur manquait et l'apprentissage du métier destiné à les faire vivre.

L'étude des résultats remarquables obtenus en Angleterre et en Amérique, au point de vue de la moralisation des enfants abandonnés ou vagabonds, par la création des *Industrial Schools* et des *Reformatories*, montrait, en même temps que la route à suivre, la nécessité de soustraire à une puissance paternelle indignement exercée une foule d'infortunés enfants des deux sexes, dont leurs parents ne prennent même pas la peine d'opérer matériellement l'abandon, souvent possible, et qu'ils laissent exposés à tous les dangers de la rue, sans nourriture, sans abri, sans moyens d'existence. D'autres parents, plus indignes encore, emploient leurs enfants à la mendicité, et en font leur instrument de travail ; des mères abominables livrent leurs enfants à la prostitution ; d'autres enfin leur font subir de véritables martyres, dont les journaux nous apportent le lamentable récit. — Comment venir en aide à ces enfants ? Comment les élever, leur donner un métier honorable, défendre leur pécule ? Comment, s'ils sont pervers, les faire interner par voie de correction paternelle ? Comment empêcher des parents négligents ou criminels, une fois le garçon en état de gagner sa vie, la fille devenue grande, de les enlever aux œuvres charitables, publiques ou privées, qui les ont élevés ? Comment s'opposer légalement à ces retraits funestes qui découragent les établissements charitables, leur font perdre le fruit de leurs efforts, leur enlèvent ces enfants une fois les sacrifices faits d'éducation et d'apprentissage, et les replongent dans le milieu corrompu d'où ils avaient été arrachés ? — Sans doute, certains établissements, la plupart des patrons, l'assistance publique elle-même, lorsqu'ils recueillent des enfants qui leur sont confiés par leurs parents, passent des contrats qui leur garantissent le maintien de l'enfant jusqu'à une certaine date et souvent jusqu'à la majorité. Parfois même, pour renforcer les dispositions prises avec les parents dans l'intérêt commun des enfants et de l'établissement, une clause d'indemnité y est introduite ; mais ces contrats n'ont guère qu'une valeur morale, et, sauf la clause d'indemnité, rendue d'ailleurs presque toujours illusoire par l'indigence des parents, les établissements charitables ne possèdent aucune garantie légale de la réalisation des contrats.

Frappé de la nécessité de remédier à un état de choses aussi regrettable, ému par le courant d'opinion qui s'était manifesté de toutes parts, déterminé enfin par la création récente du service des moralement abandonnés, le Gouvernement se décida à réunir, par arrêté ministériel du 5 décembre 1880, une commission extraparlementaire à la chancellerie. Cette commission était chargée « d'étudier les dispositions qui pourraient être proposées « aux Chambres relativement aux cas de déchéance de la puissance pater- « nelle à raison d'indignité, ainsi qu'à la situation légale des enfants indi- « gents délaissés par leurs parents ».

Pour remplir ce programme, la commission, dont le président était M. Martin-Feuillée, se partagea en trois sous-commissions. La première, composée principalement de jurisconsultes (1), avait pour mission de rechercher les cas dans lesquels il y avait lieu de prononcer la déchéance des parents indignes ; M. Pradines, avocat-général près la cour d'appel de Paris, en fut nommé rapporteur. La seconde (2) sous-commission devait proposer les mesures propres à assurer la tutelle et l'éducation des enfants aux parents desquels avait été enlevé le pouvoir paternel. Le rapporteur fut M. Gonse, alors chef de division au ministère de la justice, maintenant conseiller à la cour de cassation. Enfin, la troisième sous-commission (3), (rapporteur M. Th. Roussel) avait à s'occuper de la catégorie nouvelle des enfants délaissés ou moralement abandonnés et à proposer les mesures propres, d'une part, à assurer leur éducation, d'autre part à sauvegarder les droits des associations charitables publiques ou privées, en donnant une validité légale aux contrats passés avec les parents. C'est de la discussion de ces trois projets en assemblée plénière, où ils reçurent leur suture, que naquit le projet adopté par le gouvernement et déposé par lui au Sénat le 8 décembre 1881. Ce projet ne pouvait qu'être renvoyé à la commission du Sénat déjà saisie de l'examen du projet d'initiative parlementaire sur la protection des enfants abandonnés, délaissés ou maltraités.

La commission du Sénat pensa que, s'il était d'une urgente nécessité de créer une législation en faveur des enfants de parents indignes, et de cette catégorie nouvelle des enfants moralement abandonnés, il fallait profiter des circonstances favorables que produisait le mouvement de l'opinion publique pour remanier la législation des enfants assistés, législation, en effet, caduque en plus d'un point, et qui appelle des réformes nécessaires et ré-

---

(1) La première sous-commission était composée de MM. Courcelle-Seneuil, président ; Hérisson, Beudant, Tanon, Guillon, Bournat, Pradines.

(2) La deuxième sous-commission était composée de MM. Camescasse, président ; Quentin, Pradines, Bonjean, Gonse, Brueyre, Guillon.

(3) La troisième sous-commission était composée de MM. Schœlcher, président ; Th. Roussel, Camille Sée, Davergier, Bucquet, Bonjean, Bournat, Brueyre.

clamées depuis de longues années avec insistance. La commission du Sénat crut utile également d'édicter des mesures concernant l'éducation des mineurs destinés à la marine et à l'armée, des mineurs infirmes, estropiés, épileptiques, des mineurs insubordonnés et vicieux.

Après son adoption par le Sénat, le projet de loi fut transmis à la Chambre des députés, qui chargea une commission (1) de cette étude. L'honorable M. Gerville-Réache en fut nommé rapporteur, et il déposa, dans la session de 1884, son rapport approuvé par la commission. Ce rapport constatait qu'après les admirables travaux du Sénat, la discussion approfondie qui y avait eu lieu, la tâche de la commission se trouvait singulièrement simplifiée, et qu'elle pouvait se borner à présenter un tableau résumé des constatations de l'enquête faite par la commission sénatoriale en France, en Belgique, en Hollande, en Suisse, en Angleterre, en Allemagne et en Amérique. M. Gerville-Réache ajouta à ce résumé des notes sur le service des enfants assistés en France, sur celui des enfants moralement abandonnés et l'exercice de la tutelle du directeur de l'assistance publique de Paris, sur la société protectrice de l'enfance, enfin sur les conséquences financières du projet de loi. — Quant au texte du projet du Sénat, il ne subit devant la commission de la Chambre que des modifications de détail.

Pourquoi un projet si étudié, réclamé avec tant d'insistance par l'opinion publique, accueilli avec tant de faveur par le Parlement, n'a-t-il pas été, à la Chambre, l'objet d'une discussion générale? Le seul motif en a été dans la difficulté d'évaluer les charges financières qui résulteraient de son adoption. Les rapporteurs généraux du budget ont craint, à un moment où la prudence et l'économie nous sont commandés dans l'administration de nos finances, d'y porter le trouble en imposant aux départements, dont le budget est si peu élastique, les charges résultant de l'éducation de catégories d'enfants absolument nouvelles en France, dont on ne peut même supputer exactement le nombre.

Ces difficultés résultant du coût de la loi inspirèrent à un des membres de la commission de la Chambre des députés, l'honorable M. Couturier, un projet qui, appuyé par soixante-dix-neuf de ses collègues, consistait à trouver les ressources nécessaires dans la création d'une caisse de dotation des enfants abandonnés, délaissés ou maltraités. Cette caisse devait

---

(1) Cette commission était composée de MM. Couturier, président; Pelisse, Bacquias, Donnet, Noël Parfait, Ferdinand Dreyfus, Duchasseint, Escande, Rameau, Bellot, Gerville-Réache, rapporteur.

s'alimenter par le produit de toutes les successions *ab intestat*, à partir du sixième degré.

Ce projet, très séduisant, et dont, pour notre part, nous eussions vivement désiré l'adoption, n'a pu aboutir.

Le gouvernement a donc pensé que, pour ne pas laisser péricliter une loi de grand intérêt social, et qui répond si bien à nos sentiments démocratiques, il fallait courir au plus pressé et ajourner à des temps plus favorables l'adoption intégrale du projet de loi sur l'enfance. Il résolut donc d'en distraire le titre concernant la déchéance de la puissance paternelle, de droit ou facultative, à l'égard des parents indignes, ainsi que celui relatif à la protection des mineurs en cas d'incapacité des parents ou tuteurs de remplir leurs devoirs de surveillance et d'éducation. M. Monod, directeur de l'assistance publique en France, commissaire du gouvernement, a donc pu annoncer à la Chambre des députés, le 25 février dernier, le dépôt d'un projet qui, « sur tous les points, se rapprochait de celui dont la Chambre « était saisie, et, sur un grand nombre d'articles, se confondait avec lui ».

C'est ce projet qui vous est renvoyé aujourd'hui, et c'est lui qu'il convient maintenant d'examiner.

Considéré dans son ensemble, le projet actuel n'est autre que l'ancien projet préparé à la chancellerie, qui avait été englobé dans le projet adopté par le Sénat. Il se présente donc avec les garanties d'examen les plus complètes. Pour l'étudier, il suffit de se reporter aux rapports dont nous avons parlé plus haut, de MM. Pradines, Gonse et Th. Roussel.

Nous recommanderons aussi à l'attention le remarquable travail lu par M. Pradines à la société des prisons (1) sur les législations étrangères en ce qui touche la déchéance des parents qui négligent leurs devoirs vis-à-vis de leurs enfants. — Il résulte clairement de cette étude que « la France, en raison des lacunes du Code civil, est de tous les pays celui où la protection de l'enfance est le moins sauvegardée, surtout au sein de la famille. »— Dans toutes les nations, en effet, qui s'inspirent encore du droit romain, c'est en France seulement que la « patria potestas » a conservé toute sa force; même les pays dont les codes, soit par voie directe ou par voie d'influence, sont les dérivés des nôtres, tels que la Hollande, la Russie, la Pologne, le Portugal, l'Italie, tous ont par des moyens divers enlevé au père indigne son autorité sur ses enfants. A plus forte raison, les pays de droit germa-

____

(1) Voir Bulletins de la société générale des prisons. Année 1880, pages 118 et suivantes. Séance du 17 février 1880.

nique, chez lesquels les individualités et les droits du père et de l'enfant ont toujours été distincts, n'ont-ils pas hésité à prononcer la déchéance des parents lorsqu'ils compromettaient la santé, la moralité et même la fortune de leurs enfants. C'est ce qui explique comment en Europe et en Amérique, la protection des enfants moralement abandonnés a pu être organisée, tandis qu'en France, elle n'existe pas. Nous devons ajouter enfin que le principe de la déchéance paternelle semble même en France avoir conquis l'opinion, et nous ne saurions en trouver de meilleure preuve que dans ce fait que depuis dix ans que la question a été traitée, soit à la société générale des prisons, soit dans les commissions diverses, les jurisconsultes les plus autorisés appelés à se prononcer ont, sauf des restrictions de détail, conclu à l'adoption de mesures sauvegardant la personne et les droits de l'enfant, malgré les prescriptions inscrites au titre de la puissance paternelle.

L'économie générale de notre projet est la suivante : il comprend deux titres. Le premier traite de la déchéance de la puissance paternelle, de l'organisation de la tutelle une fois la déchéance prononcée, enfin de la restitution éventuelle de la puissance paternelle. — Les deux premiers articles donnent la nomenclature des cas dans lesquels la déchéance est de plein droit ou bien laissée à l'appréciation de la justice. Les articles 4 à 10 sont relatifs à la procédure à suivre pour introduire l'action en déchéance et une fois la déchéance prononcée. — Les articles 11 à 18 ont pour but d'organiser la tutelle en cas de déchéance et d'édicter les conditions à remplir pour être réintégré dans les droits de la puissance paternelle. Lors de la préparation du projet à la Chancellerie, ces articles avaient fait l'objet des études de la deuxième sous-commission. — Quant au titre II, il est consacré entièrement à la catégorie nouvelle des enfants moralement abandonnés dont s'occupent le service créé en 1881 à l'Assistance publique et des sociétés privées dont plusieurs sont importantes. Il a pour but de permettre aux établissements publics ou privés qui recueillent gratuitement des enfants d'obtenir du tribunal les droits de tutelle nécessaires à la garde et à l'éducation de ceux-ci, et de faire ainsi disparaître un des obstacles principaux qui empêchent les particuliers et établissements charitables d'accepter la charge d'enfants que leurs parents leur retirent ensuite, avant que l'éducation ait pu porter tous ses fruits. Les contrats que l'Assistance publique ou les établissements privés passent avec les parents n'ont, nous l'avons déjà dit, qu'une valeur morale. Le contrat dont le Service des moralement abandonnés a emprunté la formule à la charte de la grande société américaine, le « *New-York juvenile asylum* », dirigé par l'éminent Charles Loring Brace, ce contrat, dis-je, qui doit toute son efficacité en Amérique à ce qu'il a une valeur légale, à Paris les parents l'enfreignent impunément, et l'Administration de l'Assistance publique de Paris a dû bien souvent courber la tête devant des revendications de parents, qui, contre l'intérêt de leurs enfants, contre la volonté même de ceux-ci, venaient les lui réclamer pour en tirer profit, et parfois un profit infâme. Nous en pourrions citer des exemples.

Voici, d'ailleurs, dans quels termes M. le sous-secrétaire d'Etat à la Justice traçait, le 8 février 1881, le programme de la troisième sous-commission qui siégeait à la Chancellerie :

« Dans quelles conditions donnera-t-on aux administrations, aux associa-
« tions, aux particuliers le droit de garder les enfants qu'ils auront
« recueillis malgré les réclamations des parents? — Le travail demandé à
« la troisième sous-commission consiste surtout dans la réglementation
« officielle de cette espèce d'abdication, ou du moins de délégation tempo-
« raire de la puissance paternelle, à laquelle certaines familles pourraient
« consentir dans l'intérêt de leurs enfants. — Sous la législation actuelle,
« un contrat de cette nature n'étant pas valable, il s'agit de préparer un
« ensemble de dispositions qui permettront de rendre ce contrat praticable,
« valable, de faire que les parents, lorsqu'un établissement charitable aura
« recueilli un enfant, lui aura donné des soins, l'aura mis en apprentissage
« et sera en voie d'en faire un citoyen honnête et utile, soient dans l'impos-
« sibilité de retirer cet enfant et de rendre stériles tous les efforts de la cha-
« rité publique ou privée. »

C'est dans ces limites parfaitement tracées que les articles du titre II ont été rédigés. Leurs rédacteurs ont pensé que, pour donner satisfaction entière à l'intérêt des enfants, des parents et des établissements charitables, il n'était pas toujours nécessaire d'enlever aux parents l'intégralité de leur puissance paternelle, et qu'il suffisait, dans le jugement à obtenir du tribunal, de se borner à attribuer aux établissements charitables les droits suivants détachés du pouvoir paternel : droit de garde et d'éducation, droit de réclamer aux tribunaux la mise en correction de l'enfant suivant les règles du Code civil, droit de gérer exclusivement le pécule de l'enfant. Le père garde ainsi les autres attributs de la puissance paternelle : droit de consentement au mariage, droit d'émancipation, droit d'administration et de jouissance des biens de l'enfant, mais, bien entendu, avec les charges énoncées dans l'article 385 du Code civil et les restrictions énumérées aux articles 386 et 387.

Le titre II avait d'ailleurs à distinguer deux cas : 1° le cas où les enfants auraient été confiés directement par leurs parents au particulier, à l'établissement public ou privé; 2° le cas où les enfants auraient été recueillis sans participation directe des parents. — Le premier cas est le plus fréquent; c'est celui dans lequel se trouvent un grand nombre de parents indigents qui sollicitent le placement gratuit de leurs enfants auprès de l'Assistance publique ou des directeurs de sociétés charitables. Dans le second cas se trouvent principalement les enfants que la préfecture de police, les commissaires de police, le parquet envoient au Service des moralement abandonnés pour empêcher l'application de l'article 66 du Code pénal aux enfants arrêtés pour vagabondage ou mendicité.

Afin, au surplus, de prendre toutes garanties contre l'abus qui pourrait être fait par des particuliers ou des associations de bienfaisance des droits qui leur sont ainsi accordés, deux articles stipulent que les enfants placés dans les conditions précitées sont sous la surveillance de l'État, et que le préfet de la résidence de l'enfant pourra demander au tribunal que l'association charitable ou le particulier soit dessaisi du droit de garde et que l'enfant soit pourvu d'un autre placement.

Enfin, le dernier article décide que les départements où le conseil général, par une délibération formelle, se sera engagé à assimiler aux enfants assistés les enfants qui font l'objet de la présente loi, recevront de l'État une subvention annuelle. Dans ce but, un crédit de un million est mis à la disposition du Ministre de l'intérieur qui le répartira chaque année entre les départements, en tenant compte à la fois, des dépenses faites et de la situation des budgets intéressés.

Telle est, dans son ensemble, l'économie générale du projet qui vous est soumis. Ce projet nous présente déjà la quadruple sanction de l'examen de la commission de la chancellerie, du Sénat, de la commission de la Chambre des députés et du gouvernement. Néanmoins, pour plus de garanties encore, le Gouvernement a voulu qu'il subît l'examen du conseil d'État. La section de législation a choisi pour rapporteur, l'éminent M. Courcelle-Seneuil, qui, déjà, avait été président de la première sous-commission de la Chancellerie.

Parallèlement au conseil d'État, votre section des services de l'enfance avait préparé son travail, et son projet était sur le point de vous être soumis lorsque lui a été officieusement communiqué le projet délibéré au conseil d'État. — Votre section a d'abord constaté avec plaisir que plusieurs modifications dont, de son côté, elle avait déjà reconnu la nécessité, avaient été apportées par le conseil d'État au projet primitif de sa section de législation. Elle a ensuite tenu, non moins par un sentiment de déférence pour les délibérations de cette haute assemblée que pour ne pas jeter l'hésitation dans l'esprit des membres du Parlement lorsqu'ils auront à examiner définitivement le projet, à substituer à son texte celui du conseil d'État, chaque fois qu'ils ne différaient l'un de l'autre que par la forme ou la rédaction. Les divergences entre les deux projets sont donc en petit nombre ; elles vous seront signalées au fur et à mesure de la discussion des articles, et vous choisirez la rédaction qui vous paraîtra répondre le mieux à votre pensée. L'une de ces divergences est toutefois capitale : le projet du conseil d'État passe sous silence les dispositions du titre II relatives au placement des enfants par leurs parents dans des administrations d'assistance publique ou des sociétés privées. Le rapport de M. Courcelle-Seneuil est muet sur cette omission volontaire ; il se borne à dire : « Il est difficile de prévoir exactement tous « les résultats de la loi. Nous avons désiré qu'elle tendît au but le plus « directement possible, que son application préservât un certain nombre « d'enfants des effets d'une éducation détestable en leur procurant une « éducation meilleure, en évitant d'étendre sans mesure une expérience « qui peut coûter fort cher et qui, si l'on adoptait certains projets, irait « jusqu'à l'affaiblissement de l'esprit de famille dans une partie de la « population. »

Le projet du gouvernement, reproduisant l'ancien projet de la chancellerie, avait, il est vrai, réglé la protection de ces enfants en autorisant les parents à passer avec les établissements bienfaiteurs un contrat de dessaisissement qui devait être homologué par le juge de paix. De son côté, la section du Conseil supérieur avait elle-même adopté ce système, et, bien que nous y ayons renoncé par des motifs indiqués plus loin, nous persistons à lui trouver des avantages pratiques considérables. Aussi, nous croyons que l'éminent rapporteur se rend un compte inexact des conséquences de l'adoption du titre II de la loi, même dans l'hypothèse des contrats de dessaisissement.

Certes, la validité légale donnée à un contrat par lequel le père se dessaisit des obligations et des devoirs que lui impose le Code civil au titre de la puissance paternelle constitue un acte grave ; pourtant ce dessaisissement n'est point un fait nouveau et isolé, nous ne disons pas seulement à l'étranger (1), mais dans la législation française. Tous les jours, l'administration de l'Assistance publique de Paris, en admettant

---

(1) Voir Rapport de M. Pradines, Société générale des prisons, Année 1880. P. 157.

à bureau ouvert à son hospice dépositaire tous les enfants qui lui sont présentés par les parents pour les placer au nombre des enfants assistés, en prend la tutelle conformément aux lois du 15 pluviôse an XIII et du 10 janvier 1849. Ce système d'admission à bureau ouvert, qui fonctionne depuis de longues années à Paris, et avec d'heureuses conséquences de toute nature que je suis prêt à exposer et dont les rapporteurs du service des enfants assistés au conseil général de la Seine, MM. Thulié et Strauss, se porteront garants, peut être adopté par les départements auxquels leurs ressources le permettent. Il suffit, pour cela, d'une délibération du conseil général prise en conformité des lois du 17 juillet 1866 et du 10 août 1871, qui leur donnent le droit de régler le service des enfants assistés. Et pourtant, dans ce cas, les conséquences de l'abandon sont de nature autrement complète et autrement grave que celles du simple dessaisissement d'une partie des droits de la puissance paternelle. Le seul fait nouveau, et nous n'en méconnaissons pas l'importance, c'est que jusqu'ici le directeur de l'Assistance publique de Paris et les commissions hospitalières avaient exclusivement le droit de prendre la tutelle des enfants admis dans les établissements dépositaires, et que désormais ce droit, réduit, nous le voulons bien, à quelques-uns seulement de ses attributs, aurait pu être dévolu, avec le consentement des parents, pour un certain temps, qui pourrait même aller jusqu'à la majorité, à des particuliers, à des sociétés privées, à des établissements charitables. Mais aussi pour parer aux inconvénients éventuels qui pourraient résulter de l'application de ce droit nouveau, a-t-on inséré dans la loi le correctif des dispositions sévères des articles 23 et 24.

Quoi qu'il en soit du système des contrats de dessaisissement et de ses avantages, nous n'avons pas voulu, en présence des préventions du conseil d'Etat, risquer le succès de la loi. Il a donc été abandonné, et, d'accord avec M. le Directeur des affaires civiles et M. le Directeur de l'Assistance publique en France, nous avons rédigé les articles 18 et suivants tels qu'ils figurent au projet. La lacune du projet du conseil d'Etat se trouve dès lors comblée.

Il n'est pas possible, d'ailleurs, de laisser sans législation spéciale les services des enfants moralement abandonnés qui existent et ceux qui n'attendent qu'une loi pour fonctionner. L'adoption du titre I seul constituerait déjà en soi un grand bienfait assurément, puisqu'ainsi sera assuré le sort des enfants de parents indignes, enfants dans la catégorie desquels le § 6° de l'article 2 permettra de faire rentrer les enfants maltraités, et les petits martyrs de la férocité paternelle. Mais en dehors de ces enfants, en dehors des enfants recueillis ou secourus par les services d'enfants assistés, il existe dans les grandes villes, et à Paris notamment, une population infantile très nombreuse que leurs parents ne prennent même pas la peine de conduire à l'hospice pour en faire l'abandon, que souvent même ils refuseraient d'abandonner, mais qui, livrés à eux-mêmes, sans éducation morale, sans domicile parfois, errent par les rues de Paris où ils exercent des métiers interlopes, car il faut bien vivre, et deviennent peu à peu les recrues du vice et de la débauche. Ce sont nos petits arabes des rues auxquels les Anglais ont donné le nom d'*arab-boys*, et que l'assistance publique recueille sous le nom de *moralement abandonnés*.

Avant la création à Paris, en 1881, du service des moralement abandonnés, — et dans tout le reste de la France encore à l'heure présente, — lorsqu'un de ces pauvres petits arabes est trouvé errant sur la voie publique, ou mendiant, ou à l'état de vagabondage, ou que, pour vivre, il a commis quelque petit larcin, il est, par les soins des agents préposés au bon ordre, conduit au dépôt de la Préfecture de police. Là, un commissaire s'enquiert s'il a des parents ou quelqu'un qui réponde de lui. Lorsqu'il n'y a pas de délit bien établi, et que ses parents le réclament, il leur est rendu. Le lendemain, les mêmes causes d'abandon moral par les parents reproduisent les mêmes effets, l'enfant reprend l'existence interrompue par son arrestation, se fait de nouveau arrêter, cinq, dix, quinze fois, jusqu'à ce qu'enfin, tout à fait corrompu par cette existence de vice et de misère, il commette un délit caractérisé et que le tribunal, lassé à son tour, l'envoie dans une maison de correction, en vertu de l'article 66 du Code pénal. Le même sort échoit à l'enfant, même arrêté pour la première fois, quand ses parents ne le réclament pas.

Quand des services en faveur des moralement abandonnés se seront fondés dans tous les départements, ils pourront recueillir, parmi ces enfants, ceux que leur qualité d'enfants légitimes ou leur âge de plus de douze ans a empêché d'admettre dans les hospices dépositaires, bien que rentrant dans les définitions du décret du 19 janvier 1811, ceux que leurs parents en raison, soit d'infirmités chroniques, d'indigence absolue, de la nature de leurs occupations (fait si fréquent dans les grandes villes), soit par suite de leurs vices mêmes, sont dans l'impossibilité de surveiller et de pourvoir d'un état; enfin ceux dont leurs parents consentiront à se dessaisir et que pourtant ils ne veulent pas mener à l'hospice, car les règles hiératiques inflexibles et pourtant indispensables qui président à l'admission au nombre des enfants assistés les effraient à juste titre. Vous savez, en effet, qu'une fois l'abandon prononcé, l'enfant est, pour ainsi dire, mort civilement pour ses parents qui ignorent tout de lui jusqu'à sa résidence et au sort qu'il s'est fait dans la vie. — Cette catégorie d'enfants qu'à la Chancellerie nous avions dénommés « de la cession volontaire » sera la plus nombreuse, mais elle aura pour limites les ressources que l'assistance publique ou privée voudra et pourra leur consacrer, car ici nous sommes sur un terrain de liberté et de bienfaisance facultative. Les services publics ou privés recueilleront aussi en vertu de l'article 21 tous ceux que leurs parents ne réclameront pas, soit qu'ils aient disparu momentanément, soit que, par des habitudes d'ivrognerie, d'une vie de débauche, ou simplement d'une indifférence absolue, les devoirs, et parfois le souvenir de leur paternité se soient éteints en eux. Enfin lorsque les départements auront créé des services de moralement abandonnés, il suffira d'une circulaire du garde des sceaux à tous les parquets pour qu'ils adressent d'office à ces services les enfants pour lesquels ils requièrent à leur grand regret l'internement dans les maisons correctionnelles en vertu de l'article 66 du Code pénal, à défaut d'autre moyen plus humain de les hospitaliser quand ils désireraient prononcer des « non lieu » et des « sans suite ». L'article 21 de notre projet permettra ainsi d'assurer de la manière la plus simple et la plus efficace la protection de ces derniers. C'est un point sur lequel nous appelons l'attention spéciale du Conseil.

Tels sont les enfants pour lesquels a été rédigé le titre II. Dans les comptes rendus des sociétés anglaises et américaines qui s'occupent des jeunes vagabonds; dans l'ouvrage de M. le pasteur Robin sur les services de l'enfance en Angleterre et en Amérique, dans l'enquête si vaste que la commission sénatoriale a faite sur les services de l'enfance dans divers pays, on peut voir que, si la France a réalisé pour les enfants trouvés et abandonnés le système le meilleur et le plus complet, elle a été devancée, notamment dans tous les pays d'origine germanique, dans la protection des enfants moralement abandonnés (1). Il serait trop long d'en donner ici les raisons. Mais c'est un fait. Nous devons donc, à l'exemple de l'Angleterre et de l'Amérique, qui ont créé pour ces petits arabes les nombreuses écoles connues sous le nom de *Industrial schools*, *Truant schools*, *Training ships* et *Reformatories*, prendre à notre tour la protection de ces pauvres enfants. Mettons-nous donc résolument à l'œuvre. Entrons largement dans la voie démocratique et libérale du relèvement de l'enfance. Disons-nous

---

(1) Voir *les Services publics de protection de l'enfance.* Publication du cercle Saint-Simon, 1886.

bien que les dépenses faites en faveur de ces déshérités sont des semailles fécondes, puisqu'elles transformeront en honnêtes citoyens, en braves mères de familles des enfants qui, si la société ne leur tend pas la main, deviendront un jour ses pires ennemis et peupleront ses prisons, ses bagnes et ses lupanars. En faisant une bonne action, la société aura fait ainsi une bonne affaire.

Il nous reste maintenant à examiner les articles du projet du gouvernement. Nous serons aussi brefs que possible.

La section a estimé, en effet, qu'il suffisait d'appeler l'attention du Conseil sur les points contestés. Quant aux dispositions qui, depuis 1879 où les questions de déchéance paternelle et d'éducation préventive se sont posées pour la première fois à la société générale des prisons, ont été admises successivement par la commission de la Chancellerie, par le Sénat, par la commission de la Chambre, par le Gouvernement, par le conseil d'Etat, enfin par votre section, nous avons pensé que sous peine de redire et surtout de moins bien dire, il était préférable de se reporter aux trois rapports de la chancellerie et à ceux de M. Th. Roussel au Sénat et de M. Gerville-Réache à la Commission de la Chambre.

TITRE DE LA LOI

Après des discussions relatées dans les procès-verbaux de la section sur la valeur des termes : délaissés et moralement abandonnés, la section, a décidé d'adopter pour titre de loi : Loi sur la Protection des Enfants maltraités et moralement abandonnés. Elle a été surtout déterminée par cette considération que l'appellation de moralement abandonnés a l'avantage sur celle de délaissés, d'avoir pour elle la possession, puisqu'elle désigne un grand service public qui fonctionne depuis huit ans et que sa signification, au début indécise, est maintenant précisée et connue dans la population parisienne.

ARTICLE PREMIER

Les articles 1er et 2 sont les articles essentiels du projet de loi, puisqu'ils consacrent à la fois le principe de la déchéance des parents indignes et qu'ils déterminent les cas où cette indignité sera prononcée. — Leurs rédacleurs ont été d'ailleurs inspirés par un sentiment commun, c'est qu'il ne convient d'ouvrir la faculté de la déchéance que pour des faits de nature à nuire à l'enfant, soit au moral, soit au physique, mais que tous autres, quelle qu'en soit la gravité : crimes, délits, fautes contre la morale, restent en dehors des conséquences de la présente loi.

Ceci dit, l'article 1er énonce les déchéances de plein droit des père et mère et ascendants sur tous leurs enfants ; la section du conseil d'État a judicieusement ajouté : et descendants. Parmi les droits dont les parents sont déchus, elle ajoute à ceux prévus par le projet du gouvernement ceux inscrits aux articles 141, 150 et enfin 935 du Code civil. Aucune observation.

Le texte primitif de la section de législation avait soulevé au sein de votre section de l'enfance des observations qui sans doute ont paru justifiées, car le texte définitif du conseil d'Etat a supprimé les déchéances de plein droit pour récidive de délits commis de complicité avec l'enfant et a rétabli la disposition suivante du projet gouvernemental : « La déchéance laisse subsister entre les père et mère déchus et l'enfant les obligations énoncées aux articles 205, 206 et 207 du Code civil. » Ces articles se réfèrent aux obligations qu'ont les enfants de fournir des aliments à leurs père, mère et ascendants dans le besoin, comme aussi le gendre au beau-père et à la belle mère. Ces obligations sont, on le sait, réciproques.

On ne pouvait admettre, en effet, qu'un enfant dans l'aisance pût s'autoriser même du crime de son père pour le laisser mourir de faim.

La rédaction proposée par notre section pour l'article 1er est donc celle du conseil d'Etat. Votre section a toutefois ajouté parmi les déchéances de plein droit le cas d'une deuxième condamnation pour excitation habituelle de mineurs à la débauche. Nous en reparlerons en examinant l'article 2.

Art. 2.

Cet article énonce les cas où la déchéance est laissée à l'appréciation du tribunal. Le projet de la chancellerie et celui du gouvernement portent que la déchéance facultative peut n'entraîner que la perte de *tout ou partie* des mêmes droits que ceux énoncés à l'article 1er. Le conseil d'Etat n'a pas admis « qu'un enfant pût être soumis à deux puissances rivales, celle du père et celle du tuteur ». La pensée semble juste et la disposition n'a plus d'inconvénients, du moment qu'a été conservé au § précédent le droit aux aliments dûs par l'enfant au père, même criminel.

Dans le projet du gouvernement, de même que dans celui de la Chambre, le § 2, 1° est ainsi conçu : « Les père et mère qui auraient été condamnés « comme auteurs, coauteur ou complices d'un crime autre que ceux prévus « par les articles 86 à 101 du Code pénal ». Ce texte est remplacé dans le projet du conseil d'Etat par le suivant : « Les père et mère condamnés à « la peine des travaux forcés, à perpétuité ou à temps ou à la réclusion... »

Les peines pour crimes politiques n'étant ni celle des travaux forcés, ni celle de la réclusion, il n'y aurait aucun inconvénient à adopter ce texte ; mais lorsqu'il y a récidive dans le crime politique, l'article 56 (1), § 6 du Code pénal édicte la condamnation aux travaux forcés à perpétuité. Un père condamné deux fois pour crime politique serait exposé à être déchu de la puissance paternelle. C'est une conséquence inadmissible. C'est pour ce motif que nous avons ajouté au texte du conseil d'Etat la condition que les condamnations n'eussent pas pour cause les crimes prévus par les articles 86 à 101 du Code pénal, c'est-à-dire les crimes contre la sûreté intérieure de l'Etat.

Par contre, au § 3 du projet du gouvernement, qui permet de prononcer la déchéance des père et mère condamnés pour récidive du délit manifeste d'ivresse publique depuis moins d'un an (art. 2, § 2 de la loi du 23 janvier 1873), votre section a cru bon d'ajouter, comme dans le texte du conseil d'Etat : « les père et mère condamnés par application des articles 1, 2 et 3 « de la loi du 7 décembre 1874 ». Cette addition est indispensable, puisque la loi du 7 décembre 1874 décide que les pères et mères ou tuteurs qui auront livré gratuitement ou non leurs enfants ou pupilles âgés de moins de seize ans à des acrobates, etc., ou les auront placés sous la conduite de mendiants, vagabonds, ou qui les auront employés à la mendicité habituelle, soit ouvertement, soit sous l'apparence d'une profession, etc., pourront être déchus de la puissance paternelle, et que les tuteurs seront déchus de plein droit. C'est une disposition de la loi de 1874 qu'il convient de rappeler dans un projet sur la protection des enfants et qui codifie les cas de déchéance paternelle.

Le projet du conseil d'Etat ajoute aux cas de déchéance facultative celui des père et mère dont les enfants ont été conduits dans une maison de correction en vertu de l'article 66 du Code pénal ; « afin », dit l'exposé des motifs, « de régulariser leur position et de prolonger jusqu'à leur majorité

---

(1) Article 56 du Code pénal, § 6 : « Si le second crime comporte la peine de la déportation, il sera condamné aux travaux forcés à perpétuité. »

« la durée de la tutelle ». A ce motif excellent nous ajouterons cette considération que la plupart du temps, la mauvaise conduite de l'enfant est la conséquence de l'inconduite des parents; il semble donc juste que le tribunal soit appelé à apprécier s'il ne convient pas de retirer la puissance paternelle à celui qui n'a pas su s'en servir pour surveiller l'éducation de son enfant. Toutefois, nous devons faire remarquer que l'article 19 de la loi du 5 août 1850 porte déjà que, lors de leur libération, les jeunes détenus sont placés sous le patronage de l'Assistance publique. Mais cet article n'a jamais été exécuté parce qu'il n'avait pas été créé de ressources parallèles.

Parmi les faits énoncés à l'article 2, § 2 du projet du conseil d'Etat comme susceptibles d'entraîner la déchéance facultative après récidive figure « l'excitation habituelle de mineurs à la débauche ». Ce délit a paru à la section indiquer chez les pères et mères qui s'en rendent coupables une telle dépravation du sens moral qu'on peut difficilement concevoir que les parents puissent diriger convenablement l'éducation de leurs enfants et pratiquer habituellement l'excitation de mineurs à la débauche. Aussi la section a-t-elle inscrit à l'article 1er parmi les déchéances de plein droit la condamnation pour récidive d'excitation habituelle de mineurs à la débauche, et elle conserve à l'article 2 la faculté pour le tribunal d'apprécier s'il y a lieu à déchéance pour une première condamnation à raison de ce délit. Mais d'autre part votre section, partageant l'avis du conseil d'Etat, a supprimé du projet du gouvernement la déchéance facultative à la suite de récidives de vol, abus de confiance, escroquerie, outrage aux bonnes mœurs, mendicité, parce que ces délits, tout graves qu'ils puissent être, ne sont pas des fautes du père contre l'enfant. La section a été plus loin; elle a rejeté du projet du conseil d'Etat, et pour le même motif, la déchéance facultative pour adultère, entretien d'une concubine dans le domicile conjugal, outrage public à la pudeur.

§ 6. — Le projet de la section du conseil d'Etat édicte la déchéance facultative, en dehors de toute condamnation, contre les pères et mères dont les « enfants ont été recueillis à l'état d'abandon, de vagabondage, de men« dicité, ou exerçant la prostitution, ou sont victimes d'abus graves de la « puissance paternelle. »

Le texte de la commission de la Chambre est ainsi conçu :

« Les pères et mères dont l'ivrognerie habituelle, l'inconduite notoire ou « les mauvais traitements seraient de nature à compromettre soit la santé, « soit la sécurité, soit la moralité de leurs enfants. »

Le texte du gouvernement est le même : cependant le nouveau texte supprime le cas d'ivrognerie habituelle : l'on a pensé que ces termes laissent trop de champ à l'appréciation et qu'il vaut mieux s'en tenir aux faits caractérisés prévus plus haut au § 3, c'est-à-dire à la récidive du délit d'ivresse manifeste depuis moins d'un an, puni par la loi du 23 janvier 1873, article 2, § 2.

On peut hésiter entre ces deux rédactions ; pourtant, la section a été d'avis qu'il serait bien sévère de prononcer la déchéance, en dehors de toute condamnation du père, uniquement parce que cet enfant aura été recueilli à l'état d'abandon, de vagabondage ou de mendicité. Cette faculté semble d'autant plus exorbitante que l'état habituel n'est pas même exigé, et qu'un seul fait suffirait pour rendre recevable l'action en déchéance. Il faut remarquer aussi que ce cas se trouve implicitement compris au § 5 qui vise les pères dont les enfants ont été internés en vertu de l'article 66 du Code pénal. Le terme « mauvais traitements » mérite d'être conservé, parce qu'il exprime bien clairement que la déchéance facultative pourra être appliquée à ceux qui maltraitent leurs enfants. La section a ajouté au cas d'inconduite *notoire* le qualificatif de « *scandaleuse* ». Elle a maintenu, après discussion, les mots : *Ivrognerie habituelle*.

En résumé, la section a adopté le texte de la commission de la Chambre ainsi modifié : « En dehors de toute condamnation, les père et mère dont l'ivrognerie habituelle, l'inconduite notoire et scandaleuse ou les mauvais traitements compromettraient soit la santé, soit la sécurité, soit la moralité de leurs enfants. » Comme on le voit, cette rédaction précise nettement l'idée directrice de la section que le père, en dehors de toute condamnation, ne peut être passible de la déchéance que si ses actes nuisent effectivement à l'enfant soit au physique, soit au moral.

ART. 3 NOUVEAU

Les projets du conseil d'Etat et du gouvernement ont omis de rendre passible de la déchéance de plein droit ou facultative les tuteurs datifs ou officieux de l'enfant lorsqu'ils se trouvent dans un des cas visés par les articles 1 et 2 de la présente loi. Ce ne peut être qu'une omission. L'article 3 nouveau la répare.

ART. 4.

Le texte du gouvernement se trouve remplacé par celui du conseil d'Etat. Le gouvernement, consulté, accepte. Les administrations d'assistance publique ou privée qui ont recueilli l'enfant auront la faculté d'agir en dénonçant les faits au procureur de la République.

Art. 5.

Le texte proposé est celui de l'article 5 du projet du conseil d'Etat; à quelques différences près de pure forme, d'ailleurs, c'est celui du gouvernement. Il y a toutefois été ajouté la disposition suivante, qui, malgré les lenteurs qu'elle peut entraîner, n'en paraît pas moins utile et que la section a adoptée :

« Le procureur de la République fait procéder à une enquête sommaire sur la situation de la famille du mineur, sur la moralité de ses parents, qui sont mis en demeure de présenter au tribunal leurs observations et oppositions. »

Art. 7.

Le texte du gouvernement portait à trois jours le délai d'opposition au jugement par défaut prononçant la déchéance; avec raison, le conseil d'Etat l'a porté à huit à partir de la notification. Nous avons été plus loin; quand la notification aura été faite à la personne, le délai de huit jours est suffisant pour former l'opposition; mais si la notification est faite à domicile et que la personne soit absente ou disparue, ce qui est précisément le cas des jugements par défaut, le délai d'opposition est porté à un an. Après ce temps, et pour que les situations respectives de l'enfant et des établissements qui l'ont recueilli puissent être fixées, l'opposition n'est plus recevable.

Art. 8 A' 11.

Pour les articles 8 à 11, la section a adopté le texte du conseil d'Etat qui ne présente que des différences de forme avec celui du gouvernement.

Art. 12.

L'article 12 a été à la section l'objet d'un débat approfondi.

Le texte du gouvernement qui a été emprunté au projet de la chancellerie est le suivant :

« Si la mère n'est pas investie de la puissance paternelle et si la décision judiciaire qui prononce la déchéance n'a pas déclaré qu'il y avait ouver-

ture à une tutelle de droit commun, la tutelle sera exercée dans le département de la Seine par le directeur de l'Assistance publique et dans les autres
départements par les commissions hospitalières, conformément aux lois des
15 pluviôse an XIII et 10 janvier 1849. »

À ce paragraphe, le conseil d'État ajoutait la disposition suivante :

« Toutefois, le tribunal peut confier la tutelle aux sociétés de bienfaisance, à un orphelinat ou autre établissement d'utilité publique qui offrirait
de se charger de la garde et de l'éducation des enfants ; les conditions de
cette tutelle seront les mêmes que celles de la tutelle des commissions hospitalières réglées par la loi du 15 pluviôse an XIII. »

Le rapporteur a fait observer que la faculté ouverte par ce paragraphe
était mieux à sa place au titre II qu'au titre I, et que sur ce point les
projets de la chancellerie et du gouvernement avaient agi sagement. Au
titre II, le terrain est tout différent de celui du titre I ; il ne s'agit plus de
parents déchus auxquels on enlève leurs enfants, on se trouve au contraire
en présence de parents qui ont librement choisi l'établissement auquel ils
veulent confier l'enfant ; il n'y a pas déchéance paternelle prononcée par
un jugement, mais simplement une demande collective des parents et des
bienfaiteurs, à laquelle le tribunal fait droit, dont les conséquences sont le
dessaisissement d'une portion seulement des droits paternels et qui, si les
parties sont d'accord, peut être annulée par la remise de l'enfant, en
vertu d'une décision du tribunal ; enfin, les enfants ne sont pas des
mineurs de vingt-et-un ans, mais de seize ans. — Le rapporteur a ajouté
qu'à la commission de la chancellerie, on avait envisagé les inconvénients que pouvait, dans certaines circonstances, présenter cette faculté
nouvelle ouverte aux sociétés privées, et qu'elles ne réclament même
pas, de posséder la tutelle légale sur un nombre indéterminé d'enfants. La
plupart d'entre elles n'offrent pas pour la gestion des biens des enfants [1]
la garantie financière, la responsabilité réelle, effective des receveurs des
hospices. Mais voici qui est plus grave : on peut concevoir le cas où une
association charitable, puissante par ses ressources, aurait recueilli des
milliers d'enfants, dont elle aurait la tutelle pendant leur minorité et vis-

----

(1) On croit à tort que les enfants assistés n'ont aucune fortune. À Paris seulement la
fortune PERSONNELLE de ces enfants s'élevait en 1886 à près de 3 millions provenant
de divers pécules et des legs ou donations qui leur sont faits. En outre, le service y jouit
d'un domaine d'environ 250,000 francs de rente, sans parler d'une dotation au profit
exclusif des enfants s'élevant à 30,000 francs de rente. C'est un capital de plus de
10 millions à gérer.

à-vis desquels, après leur minorité, elle continuerait sa protection et son patronage, gardant ainsi sur eux pendant toute leur vie son influence par les souvenirs de leur éducation et par les bienfaits mêmes qu'elle leur prodiguerait. Les établissements privés ne demandent pas tant pour continuer leur œuvre; ils se tiennent pour satisfaits qu'on donne une validité légale à leurs contrats avec les parents. Pourquoi aller plus loin? Pourquoi risquer de créer une situation qui, dans certaines éventualités, pourrait être pour l'État la source de réelles difficultés? Il ne faut pas oublier enfin que, parmi les enfants de parents déchus, il s'en trouvera de nouveau-nés ou du premier âge et que seuls les services d'enfants assistés sont organisés d'une façon assez sérieuse, administrativement et médicalement, pour leur protection.

Cette opinion a soulevé quelques objections. Un membre a fait observer que, dans l'intérêt de l'enfant, il était utile que des particuliers et des orphelinats eussent la faculté de recueillir les enfants de parents indignes. C'est, nous a-t-on dit, seulement dans l'assistance privée que l'enfant peut trouver ces soins affectueux qu'une administration publique, quelle que soit son organisation, ne peut donner. Il a été répondu que le paragraphe 2 de l'article 12 donnait satisfaction à ce légitime désir, mais que tout en confiant les enfants aux établissements privés qui accepteraient cette mission, l'Administration en garderait la tutelle. Ce système, appelé « placements sous réserve de tutelle » fonctionne de temps immémorial avec les plus heureux résultats dans le département de la Seine. Cinq cents enfants environ sont placés ainsi dans des orphelinats ou chez des bienfaiteurs et un grand nombre d'entre eux adoptés à leur majorité entrent définitivement dans la famille qui les a recueillis; pour d'autres, la tutelle officieuse est réclamée et l'Administration s'empresse d'y consentir. Enfin, ce système en même temps qu'il donne toutes garanties à l'Administration pour la bonne éducation de ses pupilles, présente pour les bienfaiteurs des avantages très appréciés par eux. S'il leur est laissé la liberté la plus absolue dans la direction de l'éducation de l'enfant, si la surveillance de l'Administration est exercée de la façon la plus discrète, par contre, les charges parfois pesantes de la tutelle : gestion des biens, procès à soutenir, incombent à l'Administration. De plus, si l'établissement ou le protecteur qui a recueilli l'enfant ne peut ou ne veut plus le conserver, l'enfant est repris aussitôt par l'Administration, qui lui procure un nouveau placement. Le pupille n'est donc jamais exposé ainsi à rester sans protection.

Le texte proposé, une fois adopté sur ce point, l'inspecteur général, délégué du gouvernement, a émis une proposition tendant à attribuer aux inspecteurs des Enfants Assistés la partie de la tutelle qui consiste dans le placement, la surveillance et le déplacement des enfants. La section a écarté cette proposition comme engageant, par incidence, une modification de la loi du 15 pluviôse an XIII, qui attribue la tutelle des enfants assistés aux commissions hospitalières. L'avantage de la rédaction de l'article 12 est, en effet, que, par une simple référence à des lois en vigueur, on place dans le cadre de services tout organisés les enfants de parents déchus. Si on décidait que la tutelle de ces enfants doit être confiée même pour partie aux inspecteurs des Enfants Assistés, on risquerait de jeter la confusion dans ces services, et on soulèverait des questions délicates, de nature à retarder le vote d'une loi impatiemment attendue. Après ces observations, l'inspecteur général délégué a déclaré retirer sa proposition. La section a, d'ailleurs, en acceptant le texte proposé par le gouvernement et soutenu par le rapporteur, demandé que, lorsqu'on révisera la législation des enfants assistés, on examine la question de savoir s'il n'y aurait pas lieu de modifier la loi du 15 pluviôse an XIII en enlevant la tutelle aux commissions hospitalières pour la donner au préfet du département, assisté de délégués des commissions hospitalières.

Art. 16 et 17.

Les textes du conseil d'Etat et du gouvernement ne présentent que des différences de forme. La section a adopté le texte du conseil d'Etat. Au dernier paragraphe de l'article 17, le rapporteur avait proposé de maintenir la faculté pour les parents de reproduire la demande en restitution au bout de deux ans. Il semble bien dur de fermer à jamais la porte à une demande qui peut être justifiée par le repentir des parents. Les mansuétudes du texte du gouvernement lui semblaient préférables à la rigueur juridique de celui du conseil d'Etat. Cette opinion n'a pas été admise et la rédaction du conseil d'Etat a dès lors été maintenue.

TITRE II

Art. 18.

Le titre II organise la protection de deux catégories d'enfants : 1° ceux dont leurs parents, se reconnaissant dans l'impossibilité de les élever, demandent à l'Assistance Publique ou à des orphelinats de se charger; 2° ceux qui ont été recueillis dans un but charitable, sans l'intervention des parents, par des particuliers ou des établissements publics ou privés. Occupons-nous d'abord des premiers. Le principe qui domine les articles du titre II les concernant, c'est que nous entrons ici sur le terrain ordinaire de la bienfaisance, qu'on n'y rencontre l'obligation d'aucun côté, pas plus de la part des établissements publics ou privés de recevoir des enfants au delà des ressources qu'il leur convient d'apporter à cette destination que de la part des parents qui choisissent en toute liberté l'établissement qui leur semble le plus convenable pour l'éducation de leurs enfants.

L'obligation n'apparaît que lorsque le père ou la mère a choisi un établissement public ou privé, et que cet établissement, de son côté, a consenti à se charger de l'enfant. C'est pour rester sur le terrain de la bienfaisance facultative et ne pas imposer aux départements des charges qu'ils ne pourraient pas supporter tant qu'on n'aura pas doté leurs budgets de ressources nouvelles, qu'à notre profond regret nous avons renoncé à proposer d'inscrire au titre II une disposition qui figure au projet de la commission de la Chambre et qui a été empruntée à l'Act anglais de 1866 et à la législation américaine. Cette disposition se résume ainsi : « Tout agent de l'autorité qui rencontre sur la voie publique, à l'état de vagabondage, un mineur de seize ans, peut le conduire chez le juge de paix, qui provisoirement le confie à l'Assistance Publique ou à un établissement charitable, jusqu'à ce qu'il ait pu être placé définitivement. »

La rédaction de l'article 18 a fait l'objet de vifs débats dans la section. La section a d'abord repoussé une proposition du rapporteur tendant à écarter les particuliers du droit d'être investis de la tutelle spéciale créée par l'article 18 ; elle a considéré que ses objections sur la difficulté de surveiller l'enfant confié à un particulier pouvaient être atténuées par l'organisation de l'inspection. Elle a pensé que si les particuliers abusaient des droits que leur conférerait le jugement de tutelle, la justice saurait les atteindre, en appliquant notre article 24, et qu'il fallait avant tout ne pas écarter un mode de placement qui peut être avantageux à l'enfant.

La discussion a ensuite porté sur les droits de tutelle à conférer par le tribunal. Le rapporteur a soutenu qu'il ne fallait enlever aux parents que strictement les droits dont les établissements avaient besoin pour la bonne éducation de l'enfant et que tous les autres devaient être laissés au père. En conséquence, il proposait de laisser au père le droit de consentir au mariage ; il ajoutait qu'il semblait d'autant moins logique de lui enlever ce droit quand l'enfant était mineur, que, dès le jour où l'enfant devenait majeur et où, par conséquent, prenait fin la tutelle, le père rentrait dans les droits que lui donne le Code civil en ce qui concerne l'autorisation de mariage. Cette opinion n'a pas été admise complètement par crainte du chantage que des parents pervers pourraient exercer en s'armant de ce droit. Aussi, pour parer à ce danger, la section a-t-elle admis le recours en justice contre le refus des parents même après la minorité de l'enfant.

La section a enfin considéré que les prescriptions des articles 23 et 24, sur le droit par l'Etat de surveiller et, au besoin, de retirer les enfants placés chez des particuliers ou des associations charitables en vertu d'un contrat de dessaisissement, étaient suffisantes pour parer aux difficultés de quelque nature qu'elles fussent qui pourraient survenir.

Nous avons à vous parler maintenant des enfants recueillis sans l'intervention des parents, et dont les articles 20, 21 et 22 règlent la situation.

Le projet, délibéré au Conseil d'État, leur a consacré un chapitre spécial qu'il intitule : « De la protection des mineurs abandonnés ». — Cette désignation est de nature à induire en erreur, puisqu'elle semble indiquer que la loi crée en faveur des enfants abandonnés une protection qui n'existe pas. Or, rien n'est moins exact, puisque les enfants abandonnés sont compris, en vertu du décret du 19 janvier 1811, dans les catégories dont s'occupent les services d'enfants assistés, qu'ils en représentent la fraction de beaucoup la plus nombreuse, et que leur tutelle est réglée par les lois des 15 pluviôse an XIII et 10 janvier 1849.

Énumérons les catégories d'enfants auxquels s'applique notre article 20; parmi ces enfants recueillis, sans l'intervention des parents, il s'en trouvera un certain nombre qui rentrent dans les définitions du décret de 1811, mais la majorité se composera d'enfants que ne reçoivent pas les hospices dépositaires, les uns parce qu'ils sont légitimes, d'autres parce qu'ils ont dépassé l'âge de douze ans, ou parce que les parents n'ont pas disparu définitivement, ou encore parce qu'à défaut de leur père et mère des ascendants pourraient les remplacer dans l'éducation de leurs enfants. Les difficultés d'admission qu'opposent les hospices dépositaires sont pourtant très justifiées, non seulement à cause de l'insuffisance des budgets départementaux, mais aussi dans le but élevé de ne pas relâcher les liens de famille en permettant aux parents de se décharger trop facilement sur l'Etat du soin d'élever leurs enfants. L'inconvénient disparait en grande partie lorsqu'on se place sur le terrain de la bienfaisance pure, non officielle, non imposée, agissant librement, dans la limite de ses ressources et de ses règlements particuliers.

Les enfants visés dans notre article 20 ne sont donc pas, pour la plupart, des abandonnés dans le sens légal du mot, mais des enfants moralement abandonnés que, selon l'excellente définition qu'avait donnée d'eux le projet du Sénat et de la Chambre, « leurs parents, par suite de circonstances dépendant ou non de leur volonté, laissent dans un état habituel de mendicité, de vagabondage ou de prostitution. » Les parents n'ont pas déclaré leur intention d'en opérer l'abandon régulier; ils cessent simplement de s'occuper d'eux ou ne s'en occupent que d'une façon intermittente. En un mot, ils les abandonnent moralement. Ceux qu'élève actuellement le service des moralement abandonnés, créé par le département de la Seine, lui sont adressés : les uns par le parquet, lorsque les parents ont refusé de les reprendre et afin d'éviter l'application de l'article 66 du Code pénal; d'autres sont envoyés par les commissaires de police; il n'est pas rare même que des enfants se présentent d'eux-mêmes afin d'échapper à la misère et à toutes ses conséquences. Il est donc indispensable qu'une législation permette d'assurer leur protection. Mais, tout d'abord, dans un but de bonne police, pour éviter des abus de toute nature : proxénétisme, exploitation industrielle des enfants, prosélytisme, détournement de mineurs, etc., et aussi pour procéder à la recherche des parents momentanément disparus, l'article 22 édicte que ceux qui ont recueilli des enfants moralement abandonnés sans l'intervention des parents doivent en faire sous trois jours la déclaration aux magistrats de police : commissaires de police ou maires. Nous restons ainsi dans l'esprit des art. 58 du Code civil et 347 du Code pénal. A leur tour, ces magistrats doivent transmettre ces déclarations au préfet de police ou aux préfets des départements, agissant dans ce cas en vertu de leurs attributions de police. C'est donc à tort, selon-nous, que le projet du conseil d'Etat propose d'adresser ces déclarations aux procureurs de la République.

L'article 24 stipule ensuite que si, dans les trois mois, les parents n'ont point réclamé l'enfant ceux qui l'ont recueilli pourront s'adresser au tribunal par simple requête visée pour timbre et enregistrée gratis à fin d'obtenir que l'exercice de tout ou partie des droits de la tutelle leur soit confié. La section a exprimé le vœu que la requête pût être adressée au tribunal sans l'intervention d'un officier ministériel, afin de réduire les frais. Comme parmi ces enfants il peut s'en rencontrer qui rentrent dans les catégories du décret de 1811 : trouvés, orphelins, abandonnés, et qui dès lors ont un tuteur désigné par la loi, la section a ajouté au texte du gouvernement la condition que les services d'enfants assistés n'auront point revendiqué leur droit de tutelle.

C'est encore un motif pour ne point, comme le propose le Conseil d'Etat, faire juge de la question le procureur de la République, puisqu'on ferait trancher par le pouvoir judiciaire une question toute administrative. — D'ailleurs, même dans le cas où l'administration revendiquerait la tutelle de l'enfant, ceux qui l'auraient recueilli n'en continueraient pas moins de l'élever, sous la réserve de la tutelle administrative. Nous avons indiqué plus haut en quoi consistait ce mode de placement, et nous ne saurions trop insister, en nous appuyant sur l'expérience d'une longue pratique, sur les avantages, ce n'est pas assez dire, sur la perfection de ce système et au point de vue de la protection de l'enfant, et au point de vue de la sécurité de ceux qui l'élèvent. — De même, si l'enfant appartient à des parents dont le tribunal a prononcé la déchéance, sur l'action intentée par le ministère public, il pourra également, en vertu de l'article 12 de la présente loi, être maintenu chez ceux qui l'ont recueilli.

Il ne nous reste plus qu'à vous dire quelques mots sur les charges financières qu'entraînera l'adoption du projet, et sur les moyens d'y faire face.

Nous croyons que le nombre des enfants dont les services d'enfants assistés peuvent avoir à se charger lorsque la déchéance de plein droit ou facultative aura été prononcée, sera très peu élevé. Les cas de déchéance de plein droit sont heureusement très rares. De ce chef, rien à craindre.

Pour les déchéances facultatives, le nombre en est d'évaluation difficile ; il dépendra beaucoup de la vigilance des procureurs de la République de présenter plus ou moins d'actions en déchéance.

Quelle jurisprudence s'établira devant les tribunaux pour l'application de l'article 2 ? Il est impossible de le prévoir ; toutefois, on peut raisonnablement supposer que, sauf dans les cas graves, ceux, par exemple, où les enfants sont victimes de mauvais traitements, livrés à la débauche, les tribunaux prononceront un petit nombre de déchéances.

Quant aux dépenses des enfants visés dans le titre II, nous l'avons déjà dit, elles ne figureront dans les budgets départementaux que pour les sommes que les conseils généraux voudront y affecter, puisque c'est une dépense de pure bienfaisance. Espérons cependant que tous les départements de France voudront suivre le généreux exemple du département de la Seine et créer des services en faveur des moralement abandonnés.

En résumé, pour les enfants de parents déchus soit de plein droit, soit après appréciation du tribunal, les dépenses, bien que difficiles à chiffrer, n'ajouteront qu'un faible supplément aux charges actuelles des départements, non seulement parce que ces enfants seront en nombre limité, mais parce que, versés dans les cadres des services d'enfants assistés, ils ne nécessiteront aucune augmentation des frais généraux, mais uniquement leurs dépenses d'entretien, c'est-à-dire une somme annuelle et moyenne de 100 à 150 fr. par enfant, suivant le département.

C'est la catégorie des enfants du titre II, qui est susceptible d'entraîner des dépenses sérieuses surtout dans les centres populeux, mais les départements n'auront qu'à les proportionner à leurs ressources. Au surplus, des dons et des legs, dès les services ouverts, ne tarderont pas à leur venir en aide, comme cela a eu lieu, d'une façon si remarquable, pour le département de la Seine.

De quelque façon qu'on envisage la question, il n'y a donc aucune crainte financière à concevoir de l'adoption de notre projet.

Enfin, pour encourager les départements à créer des services de moralement abandonnés, le gouvernement demandera au Parlement qu'un crédit de un million soit mis annuellement à sa disposition pour être réparti par le Ministre de l'intérieur entre les départements dont le conseil général se sera engagé à assimiler aux enfants assistés les enfants qui font l'objet de la présente loi.

Sous le bénéfice des observations qui précèdent, j'ai l'honneur, Messieurs, au nom de votre première section de proposer à votre approbation, le projet de loi qui suit.

Le rapporteur,

L. BRUEYRE.

III

PROJET DE LOI
Sur la protection des enfants maltraités ou moralement abandonnés.

TITRE PREMIER
CHAPITRE I
De la déchéance de la puissance paternelle.

Article premier.

Les père et mère et ascendants sont déchus de plein droit, à l'égard de tous leurs enfants et descendants, de la puissance paternelle, ensemble de tous les droits qui s'y rattachent, notamment ceux énoncés aux articles 108, 111, 148, 150, 151, 346, 361, 372 à 387, 389, 390, 391, 397, 477 et 935 du Code civil (1), à

(1) Art. 108 du Code civil. — ... Le mineur non émancipé aura son domicile chez ses père et mère ou tuteur.

Art. 111. — Si le père a disparu laissant des enfants mineurs issus d'un commun mariage, la mère en aura la surveillance, et elle exercera tous les droits du mari quant à leur éducation et à l'administration de leurs biens.

Art. 148. — Le fils qui n'a pas atteint l'âge de vingt-cinq ans accomplis, la fille qui n'a pas atteint l'âge de vingt et un ans accomplis, ne peuvent contracter mariage sans le consentement de leurs père et mère : en cas de dissentiment, le consentement du père suffit.

Art. 150. — Si le père et la mère sont morts, ou s'ils sont dans l'impossibilité de manifester leur volonté, les aïeuls et aïeules les remplacent : s'il y a dissentiment entre l'aïeul et l'aïeule de la même ligne, le consentement de l'aïeul suffit. S'il y a dissentiment entre les deux lignes, ce partage emportera consentement.

Art. 151. — Les enfants de famille ayant atteint la majorité fixée par l'article 148, sont tenus, avant de contracter mariage, de demander, par un acte respectueux et formel, le conseil de leur père et mère, ou celui de leurs aïeuls et aïeules, lorsque leur père et mère sont décédés ou dans l'impossibilité de manifester leur volonté.

Art. 346. — ... Si l'adopté ayant encore ses père et mère, ou l'un des deux, n'a point accompli sa vingt-cinquième année, il sera tenu d'apporter le consentement donné à l'adoption par ses père et mère ou par le survivant, et, s'il est majeur de vingt-cinq ans, de requérir le conseil.

Art. 361. — Tout individu âgé de plus de cinquante ans et sans enfants ni descendants légitimes, qui voudra, durant la minorité d'un individu, se l'attacher par un titre légal,

l'article 3 du décret du 22 février 1851 et à l'article 46 de la loi du 27 juillet 1872;

---

pourra devenir son tuteur officieux en obtenant le consentement des père et mère de l'enfant ou du survivant d'entre eux, et, à leur défaut..

Art. 372. — Il (l'enfant) reste sous leur (de ses père et mère) autorité jusqu'à sa majorité ou son émancipation.

Art. 373. — Le père seul exerce cette autorité durant le mariage.

Art. 374. — L'enfant ne peut quitter la maison paternelle sans la permission de son père...

Art. 375. — Le père qui aura des sujets de mécontentement très graves sur la conduite d'un enfant aura les moyens de correction suivants.

Art. 376. — Si l'enfant est âgé de moins de seize ans commencés, le père pourra le faire détenir pendant un temps qui ne pourra excéder un mois; et, à cet effet, le président du tribunal d'arrondissement devra, sur sa demande, délivrer l'ordre d'arrestation.

Art. 377. — Depuis l'âge de seize ans commencés jusqu'à la majorité ou l'émancipation, le père pourra seulement requérir la détention de son enfant pendant six mois au plus; il s'adressera au président du tribunal, qui, après en avoir conféré avec le procureur du roi, délivrera l'ordre d'arrestation ou le refusera...

Art. 379. — Le père est toujours maître d'abréger la durée de la détention par lui ordonnée ou requise. Si, après sa sortie, l'enfant tombe dans de nouveaux écarts, la détention pourra être de nouveau ordonnée de la manière prescrite aux articles précédents.

Art. 380. — Si le père est remarié, il sera tenu, pour faire détenir son enfant du premier lit, lors même qu'il serait âgé de moins de seize ans, de se conformer à l'article 377.

Art. 381. — La mère survivante et non remariée ne pourra faire détenir un enfant qu'avec le concours des deux plus proches parents paternels, et par voie de réquisition, conformément à l'article 377.

Art. 383. — Les articles 376, 377, 378 et 379 seront communs aux père et mère des enfants naturels légalement reconnus.

Art. 384. — Le père, durant le mariage, et après la dissolution du mariage, le survivant des père et mère, auront la jouissance des biens de leurs enfants jusqu'à l'âge de dix-huit ans accomplis, ou jusqu'à l'émancipation qui pourrait avoir lieu avant l'âge de dix-huit ans.

Art. 389. — Le père est, durant le mariage, administrateur des biens personnels de ses enfants mineurs...

Art. 390. — Après la dissolution du mariage arrivée par la mort naturelle ou civile de l'un des époux, la tutelle des enfants mineurs et non émancipés appartient de plein droit au survivant des père et mère.

Art. 391. — Pourra néanmoins le père nommer à la mère survivante et tutrice un conseil spécial, sans l'avis duquel elle ne pourra faire aucun acte relatif à la tutelle.............

Art. 397. — Le droit individuel de choisir un tuteur parent, ou même étranger, n'appartient qu'au dernier mourant des père et mère.

Art. 477. — Le mineur, même non marié, pourra être émancipé par son père, ou, à défaut de son père, par sa mère, lorsqu'il aura atteint l'âge de quinze ans révolus. — Cette émancipation s'opérera par la seule déclaration du père ou de la mère reçue par le juge de paix assisté de son greffier.

Art. 935. — La donation faite à un mineur non émancipé devra être acceptée par son

1° S'ils sont condamnés par application du paragraphe 2 de l'article 334 du Code pénal (1);

2° S'ils sont condamnés, soit comme auteurs, coauteurs ou complices d'un crime commis sur la personne d'un ou plusieurs de leurs enfants, soit comme coauteurs ou complices d'un crime commis par un ou plusieurs de leurs enfants;

3° S'ils sont condamnés deux fois comme auteurs, coauteurs ou complices d'un délit commis sur la personne d'un ou plusieurs de leurs enfants;

4° S'ils sont condamnés deux fois pour excitation habituelle de mineurs à la débauche.

Cette déchéance laisse subsister entre les ascendants déchus et l'enfant les obligations énoncées aux articles 205, 206 et 207 du Code civil (2).

Art. 2.

Peuvent être déclarés déchus des mêmes droits :

1° Les père et mère condamnés aux travaux forcés à perpétuité ou à temps ou à la réclusion comme auteurs, coauteurs ou complices d'un crime autre que ceux prévus par les articles 86 à 101 du Code pénal;

2° Les père et mère condamnés deux fois pour un des faits suivants : séquestration, suppression, exposition ou abandon d'enfants ou pour vagabondage ;

---

tuteur. — Le mineur émancipé pourra accepter avec l'assistance de son curateur. — Néanmoins les père et mère du mineur émancipé, ou les autres ascendants, même du vivant des père et mère, quoiqu'ils ne soient ni tuteurs ni curateurs du mineur, pourront accepter pour lui.

Décret du 22 février 1851, article 3 : L'acte d'apprentissage contiendra... les noms, prénoms et domiciles des père et mère. — Loi du 27 juillet 1872, article 46 : Tout Français peut être autorisé à contracter un engagement militaire... il devra, s'il a moins de vingt ans, justifier du consentement des père, mère ou tuteur.

(1) Art. 334 du Code pénal. — .... Si la prostitution ou la corruption a été excitée, favorisée ou facilitée par leurs pères, mères, tuteurs ou autres personnes chargées de leur surveillance, la peine sera de deux ans à cinq ans d'emprisonnement et de trois cents francs à mille francs d'amende.

(2) Art. 205 du Code civil. — Les enfants doivent des aliments à leurs père et mère et autres ascendants qui sont dans le besoin.

Art. 206. — Les gendres et belles-filles doivent également, dans les mêmes circonstances, des aliments à leurs beau-père et belle-mère; mais cette obligation cesse : 1° lorsque la belle-mère a convolé en secondes noces ; lorsque celui des époux qui produisait l'affinité et les enfants issus de son union avec l'autre époux sont décédés.

Art. 207. — Les obligations résultant de ces dispositions sont réciproques.

3° Les père et mère condamnés par application de l'article 2, § 2, de la loi du 23 janvier 1873 (1), ou des articles 1, 2 et 3 de la loi du 7 décembre 1874 (2) ;

4° Les père et mère condamnés une première fois pour excitation habituelle de mineurs à la débauche ;

5° Les père et mère dont les enfants ont été conduits dans une maison de correction, par application de l'article 66 du Code pénal ;

6° En dehors de toute condamnation, les père et mère dont l'ivrognerie habituelle, l'inconduite notoire et scandaleuse, ou les mauvais traitements, compromettraient soit la santé, soit la sécurité, soit la moralité de leurs enfants.

Art. 3.

Les dispositions de la présente loi sont applicables à toute personne exerçant la tutelle même officieuse.

Art. 4.

L'action en déchéance est intentée devant la chambre du conseil du tribunal du domicile ou de la résidence du père et de la mère par le ministère public.

Art. 5.

Le procureur de la République fait procéder à une enquête sommaire sur la situation de la famille du mineur et sur la moralité de ses parents connus, qui sont mis en demeure de présenter au tribunal les observations et oppositions qu'ils jugeront convenables.

Le ministère public introduit l'action en déchéance par un mémoire présenté au président du tribunal énonçant les faits et accompagné des

(1) Loi du 23 janvier 1873, article 2, § 2 : Récidive du délit d'ivresse manifeste depuis moins d'un an.

(2) Loi du 7 décembre 1874 sur les professions ambulantes, article 2 : Les père, mère, tuteurs, qui auront livré gratuitement ou à prix d'argent leurs enfants ou pupilles âgés de moins de seize ans aux gens exerçant la profession d'acrobate, etc., ou les auront placés sous la conduite de vagabonds ou mendiants, seront punis des peines portées à l'article 1er. La condamnation entraînera de plein droit pour les tuteurs la destitution de la tutelle ; le père et mère pourront être privés de la puissance paternelle.

pièces justificatives. Ce mémoire est notifié aux père et mère ou ascendants dont la déchéance est demandée.

Le président du tribunal commettra un juge pour faire le rapport à jour indiqué.

Il est procédé dans les formes prescrites par les articles 892 et 893 du Code de procédure civile. Toutefois, la convocation du conseil de famille reste facultative pour le tribunal.

La chambre du conseil procède à l'examen de l'affaire sur le vu de la délibération du conseil de famille lorsqu'il aura été convoqué, de l'avis du juge de paix du canton, après avoir appelé, s'il y a lieu, les parents ou autres personnes et entendu le ministère public dans ses réquisitions.

Le jugement est prononcé en audience publique. Il peut être déclaré exécutoire nonobstant opposition ou appel.

Art. 6.

Pendant l'instance en déchéance, la chambre du conseil peut ordonner, relativement à la garde et à l'éducation des enfants, telles mesures provisoires qu'elle juge utiles. Les jugements sur cet objet sont exécutoires par provision.

Art. 7.

Les jugements par défaut prononçant la déchéance de la puissance paternelle peuvent être attaqués par la voie de l'opposition dans le délai de huit jours à partir de la notification à la personne et dans le délai d'un an à partir de la notification à domicile. Si sur l'opposition il intervient un second jugement par défaut, ce jugement ne peut être attaqué que par la voie de l'appel.

Art. 8.

L'appel des jugements appartient aux parties et au ministère public. Il doit être interjeté dans le délai de dix jours à compter du jugement s'il est contradictoire, et, s'il est rendu par défaut, du jour où l'opposition n'est plus recevable.

Art. 9.

Tout individu déchu de la puissance paternelle est incapable d'être tuteur, subrogé-tuteur, curateur ou membre d'un conseil de famille.

Art. 10.

Dans le cas de déchéance de plein droit encourue par le père, le ministère public, saisit sans délai la juridiction compétente, qui décide si, dans l'intérêt de l'enfant, la mère exercera les droits de la puissance paternelle tels qu'ils sont définis par le Code civil. Dans ce cas, il est procédé comme à l'article 5. Les articles 6, 7 et 8 sont également applicables.

Dans le cas de déchéance facultative, le tribunal qui la prononce statue par le même jugement sur les droits de la mère à l'égard des enfants nés et à naître, sans préjudice, en ce qui concerne ces derniers, de toute mesure provisoire à demander à la chambre du conseil dans les termes de l'article 6, pour la période du premier âge.

Si le père déchu de la puissance paternelle contracte un nouveau mariage, la nouvelle femme peut, en cas de survenance d'enfants, demander au tribunal l'attribution de la puissance paternelle sur ces enfants.

CHAPITRE II

De l'organisation de la tutelle en cas de déchéance de la puissance paternelle.

Article 11.

Si la mère est prédécédée, si elle a été déclarée déchue, ou si l'exercice de la puissance paternelle ne lui est pas attribué, le tribunal décide si la tutelle sera constituée dans les termes du droit commun, sans qu'il y ait, toutefois, obligation pour la personne désignée d'accepter cette charge.

Les tuteurs institués en vertu de la présente loi remplissent leurs fonctions sans que leurs biens soient grevés de l'hypothèque légale du mineur.

Toutefois, au cas où le mineur possède ou est appelé à recueillir des biens, le tribunal peut ordonner qu'une hypothèque générale ou spéciale soit constituée jusqu'à concurrence d'une somme déterminée.

Art. 12.

Si la tutelle n'a pas été constituée conformément à l'article précédent, elle est exercée par les commissions hospitalières, et, dans le département de la Seine, par le directeur de l'Administration générale de l'Assistance publique à Paris, conformément aux lois des 1ᵉ pluviôse an XIII et 10 janvier 1849. Les dépenses sont réglées conformément à la loi du 5 mai 1869.

Les commissions hospitalières et le directeur de l'Administration de l'Assistance publique de Paris, peuvent, tout en gardant la tutelle, remettre les mineurs à d'autres établissements et même à des particuliers.

Art. 13.

Le tribunal, en prononçant sur la tutelle, fixe le montant de la pension qui devra être payée par les père et mère et ascendants auxquels des aliments peuvent être réclamés, ou déclare, à raison de l'indigence des parents, qu'il ne peut être exigé aucune pension.

Art. 14.

Pendant l'instance en déchéance, toute personne peut s'adresser au tribunal par voie de requête, afin d'obtenir que l'enfant lui soit confié.

Elle doit déclarer qu'elle se soumet aux obligations prévues par le § 2 de l'article 361 du Code civil au titre de la tutelle officieuse.

Si le tribunal, après avoir recueilli tous les renseignements et pris, s'il le juge utile, l'avis du conseil de famille, accueille la demande, les dispositions des articles 365 et 370 du même Code sont applicables.

En cas de décès du tuteur officieux avant la majorité du pupille, le tribunal est appelé à statuer de nouveau conformément aux articles 12 et 13 de la présente loi.

Lorsque l'enfant aura été placé par les administrations hospitalières ou par le directeur de l'Assistance publique de Paris chez un particulier, ce dernier peut, après trois ans, s'adresser au tribunal et demander que l'enfant lui demeure confié dans les conditions prévues aux dispositions qui précèdent.

Art. 15.

En cas de déchéance de la puissance paternelle, les droits du père et, à défaut du père, les droits de la mère, quant au consentement au mariage, à l'adoption, à la tutelle officieuse et à l'émancipation sont exercés par les mêmes personnes que si le père et la mère étaient décédés.

CHAPITRE III

De la restitution de la puissance paternelle.

Art. 16.

Les père et mère frappés de la déchéance dans les cas prévus par l'article 1er et par l'article 2, §§ 1, 2, 3, 4, ne peuvent être admis à se faire restituer la puissance paternelle qu'après avoir obtenu leur réhabilitation.

Dans les cas prévus aux §§ 5 et 6 de l'article 2, les père et mère frappés de la déchéance peuvent demander au tribunal que l'exercice de la puissance paternelle leur soit restitué. L'action ne peut être introduite que trois ans après le jour où le jugement qui a prononcé la déchéance est devenu irrévocable.

Art. 17.

La demande en restitution de puissance paternelle est introduite sur simple requête et instruite conformément aux dispositions des §§ 2 et suivants de l'article 5. L'avis du conseil de famille est obligatoire.

La demande est notifiée au tuteur qui peut présenter, dans l'intérêt de l'enfant, ou en son nom personnel, les observations et oppositions qu'il aurait à faire contre la demande. Les dispositions des articles 6, 7 et 8 sont également applicables à ces demandes.

Le tribunal, en prononçant la restitution de la puissance paternelle, fixera, suivant les circonstances, l'indemnité due au tuteur, ou déclarera qu'à raison de l'indigence des parents, il ne sera alloué aucune indemnité.

La demande qui aura été rejetée ne pourra plus être réintroduite, si ce n'est par la mère, après la dissolution du mariage.

TITRE II

De la protection des mineurs placés avec ou sans l'intervention des parents.

Art. 18.

Lorsque des administrations d'assistance publique, des associations de bienfaisance régulièrement autorisées, des particuliers domiciliés et jouissant de leurs droits civils auront accepté la charge de mineurs de seize ans que des pères, mères ou tuteurs autorisés par le conseil de famille, leur auront confiés, les parties intéressées pourront adresser au président du tribunal du domicile des parents une requête afin d'obtenir que l'exercice d'une partie des droits de tutelle soit confié à l'établissement ou au particulier, gardien de l'enfant pour une durée qui ne pourra dépasser l'âge de majorité.

Les droits de tutelle susceptibles d'être conférés à la suite de la requête ne pourront jamais s'étendre à d'autres droits qu'à ceux de garde, d'éducation et de correction, de gestion du pécule de l'enfant, de consentement à l'engagement militaire. Toutefois, si les parents refusent de consentir au mariage, en vertu de l'article 148 du Code civil, le particulier, l'établissement ou l'administration qui aura eu la charge de l'éducation de l'enfant peut les faire citer devant le tribunal qui peut donner ou refuser le consentement, après que les parents auront été entendus ou dûment appelés dans la chambre du conseil.

Art. 19.

La requête sera visée pour timbre et enregistrée gratis. Le tribunal, en chambre de conseil, procède à l'examen de l'affaire, après avoir appelé les parents ou tuteur en présence des particuliers ou des représentants réguliers de l'administration ou de l'établissement qui a recueilli l'enfant, le ministère public entendu.

Le jugement sera prononcé en audience publique.

Art. 20.

Lorsque des administrations d'assistance publique, des associations de bienfaisance régulièrement autorisées, des particuliers domiciliés et jouissant de leurs droits civils auront recueilli des enfants moralement abandonnés mineurs de seize ans sans l'intervention des père et mère ou tuteur, une déclaration devra être faite, dans les trois jours, aux commissaires de police dans le département de la Seine, et dans les départements au maire de la commune sur le territoire de laquelle l'enfant a été recueilli, à peine d'une amende de cinq à quinze francs.

En cas de nouvelle infraction dans les douze mois, l'article 482 du Code pénal est applicable.

Est également applicable aux cas prévus par la présente loi le dernier paragraphe de l'article 463 du même Code.

Les commissaires de police et les maires devront transmettre ces déclarations dans le département de la Seine au préfet de police et dans les départements au préfet, dans le délai de quinzaine. Ces déclarations devront être notifiées dans le délai de quinzaine aux parents de l'enfant.

Art. 21.

Si, dans les trois mois à dater de la déclaration, les père et mère ou tuteur n'ont point réclamé l'enfant, ceux qui l'auront recueilli pourront adresser au président du tribunal de leur domicile une requête à fin d'obtenir que l'exercice de tout ou partie des droits de la tutelle leur soit confiée. Le tribunal procède à l'examen de l'affaire en chambre du conseil, le ministère public entendu.

Dans le cas où la tutelle de l'enfant recueilli serait revendiquée comme appartenant à l'une des catégories d'enfants assistés, par la commission hospitalière compétente, ou par le directeur de l'Assistance publique de Paris, ou si le tribunal a prononcé contre les parents de l'enfant la déchéance de la puissance paternelle en vertu des articles 1er et 2 de la présente loi, l'administration tutrice pourra maintenir l'enfant entre les mains de ceux qui l'auront recueilli, mais sous réserve de sa tutelle.

Art. 22.

Dans les cas visés par l'article 18 et l'article 20, les pères, mères ou tuteurs qui voudront obtenir que l'enfant leur soit remis s'adresseront au tribunal de la résidence de l'enfant, par voie de requête visée pour timbre et enregistrée gratis. Le tribunal, en chambre du conseil, procède à l'examen de l'affaire, après avoir appelé celui auquel l'enfant a été confié et toute personne qu'il jugera utile, le ministère public entendu.

Le jugement est prononcé en audience publique.

Si le tribunal juge qu'il n'y a pas lieu de remettre l'enfant aux père et mère, il peut, sur la réquisition du ministère public, prononcer la déchéance de la puissance paternelle ou maintenir à celui à qui l'enfant a été confié les droits qui lui ont été conférés en vertu des articles 19 ou 21. En cas de remise de l'enfant, il fixe l'indemnité due à celui qui en a eu la charge.

La demande qui aura été rejetée ne pourra plus être renouvelée que trois ans après le jour où la décision de rejet sera devenue irrévocable.

Art. 23.

Les enfants placés chez des particuliers et dans des établissements appartenant à des associations de bienfaisance seront sous la surveillance de l'État, représenté par le préfet du département.

Un règlement d'administration publique déterminera le mode de fonctionnement de cette surveillance.

Les infractions audit règlement seront punies d'une amende de vingt-cinq mille francs. En cas de récidive, la peine d'emprisonnement de huit jours à un mois pourra être prononcée.

Art. 24.

Le préfet du département de la résidence de l'enfant placé chez un particulier ou entretenu par une association de bienfaisance dans les conditions prévues par la présente loi pourra toujours se pourvoir devant le tribunal civil de cette même résidence afin d'obtenir, dans l'intérêt de l'enfant, que le particulier ou l'association soit dessaisie de tout droit sur ce dernier et qu'il soit confié au service des enfants assistés, en conformité des lois du 15 pluviôse an XIII et du 10 janvier 1849, on pourvu d'un autre placement.

La requête du préfet sera visée pour timbre et enregistrée gratis.

La décision du tribunal pourra être frappée d'appel, soit par le préfet, soit par l'association ou le particulier intéressé.

L'appel ne sera pas suspensif.

Art. 25.

Un crédit de un million est mis chaque année à la disposition de M. le Ministre de l'intérieur pour être réparti à titre de subvention entre les départements où le conseil général se sera engagé par une délibération formelle à assimiler aux enfants assistés les enfants faisant l'objet des deux titres de la présente loi.

Paris. — Imprimerie Nouvelle (assoc. ouvr.), 11, rue Cadet. — R. Barré, dir. 2289-8.

www.ingramcontent.com/pod-product-compliance
Lightning Source LLC
Chambersburg PA
CBHW061229030726